怪美的
身体

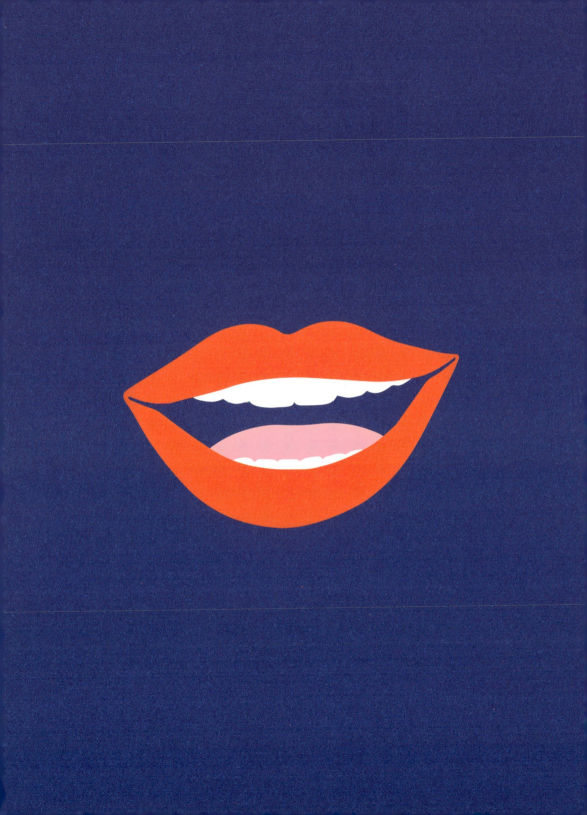

BODY TALK:
怪美的身体

How to Embrace Your Body
and Start Living Your Best Life
Katie Sturino

［美］凯蒂·斯图里诺　著
［美］莫妮卡·加伍德　绘
　　　李佳易　译

中国出版集团
中译出版社

谨以此书
献给小凯蒂——
我指的是吉祥物，
而非我的"私密之处"。

这本书也献给全世界的女人和女孩子们。愿我们都能从憎恶身体的怪圈中解放出来，实现最瑰丽奇幻的梦想，书写最恣意潇洒的人生。

小凯蒂

目录

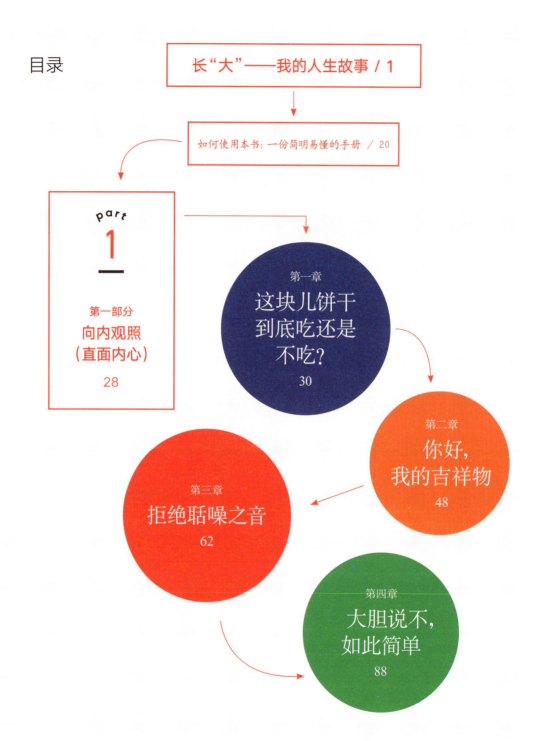

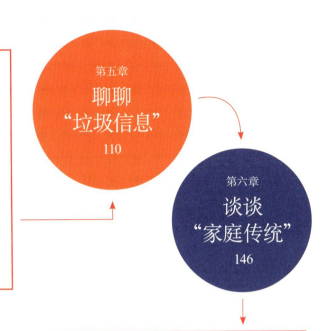
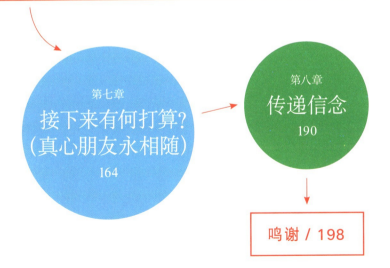

part 2

第二部分
向外觉察：
内化认知，为己所用
108

第五章
聊聊
"垃圾信息"
110

第六章
谈谈
"家庭传统"
146

part 3

第三部分
向前展望：你已经夺回了大脑空间！
现在要用它做些什么呢？ / 162

第七章
接下来有何打算？
（真心朋友永相随）
164

第八章
传递信念
190

鸣谢 / 198

长

我 的 人 生

"大"故事（1988年上映过汤姆·汉克斯主演的同名电影）

我并不一直认为长得胖就是件坏事。在我上幼儿园之前,大家总鼓励我要"把饭菜全吃光",长得高大强壮。除了最基本的身体部位认知(就像歌谣中唱到的那样,"脑袋、肩膀、膝盖和脚趾头,膝盖和脚趾头"),我几乎不会注意到自己的身体。只要能穿着鱼纹泳衣光脚丫跑来跑去,或在前院草坪玩几个小时侧手翻,我就会无比开心。无论自己想去何处,我的身体总会随我一同前往。

"我的身体总会随我一同前往。"

怪美的身体——
接纳自身，绽放生命

"在九岁时，我只能身穿足球教练的球衣出场比赛。"

在陆续收到各种明示和暗示之后，我才留意到自己的身体、肥胖的体型，以及随之而来的各种"问题"。五岁那年，我和同学们在学校参加了一个古怪的评比活动，依次称重后（名副其实的"称重"，即当着所有人的面上秤量体重），我被选为班级"最重儿童"。同年，体操教练告诉我妈妈，因为身材壮硕，我不适合练习体操。七岁那年，我的医生让我节食减重。

在我九岁时，由于制服厂不做大尺码球服，我只能身穿足球教练的球衣出场比赛——就羞辱程度而言，这相当于不小心当着全班同学的面错称老师为"妈咪"。在我十岁时，邻居家的老奶奶针对我"不断发育的身体"评论了一番。一年后，班上的男生们也开始对我的体型评头论足。

我曾感到困惑而迷茫，原来我不只是拥有身体——

在别人眼中，我即是我的身体。

身体定义了我。 在得知自己的体型或外形在他人眼中并不"正确"后，我感到愈发迷茫了。当我开始意识到自己的身体在他人眼中并不算正常，人们会以各种方式对我的身体评头论足时，羞耻感逐渐侵蚀了我的自信。

我总会觉得自己是房间中身材最为臃肿肥硕之人。 在33岁前的人生中，我一直为此感到羞愧。在成长过程中（我在威斯康星州长大——冲啊，威斯康星人！），我遇到了很多美好善良的人们，他们给予了我非常多的帮助和支持。我很幸运有如此爱我的父母，他们用善良、热情、爱心和关怀浇灌着我成长，我如同那放归自然前被人救助的动物幼崽，而我的父母则为我倾注了全部心血。然而，在我生命中还有许多人，虽然他们自始至终都展现着非凡魅力，却无意中强化了我内心的焦灼不安。虽然大家以爱心滋润我，以智慧箴言教导我，但却从未有人告诉过我"你的体型并不决定你的价值"或"当你长大成人以后，不必非要长得像电视上的女人那样才能获得成功"，也没有人对我说"你还只是个孩子"或"重要的是你自己，而不是你的体型"。

大家并没有对我说过这些话，但这并不是任何个人的问题。我把这一切归咎于长期以来浸淫社会各个层面的审美标准，不过这事儿可就说来话长了。我总忍不住去想，要是曾经有人告诉过我："你没有任何问题"，我会在成长过程中与我的身体建立何种不同的关系。在2015年这一年，我终于学会去告诉自己这些话。从此之

● **怪美的身体**——接纳自身，绽放生命

↑
小狗"吐司"

后，一切都改变了。

我的生活曾围绕着三个不同世界旋转：客户、前夫和我的小狗。我经营着自己的公关公司*，每天都在为客户加油打气。然而在非工作时间中，我却很少为自己摇旗呐喊。因为我的自尊心曾低到尘埃，我也早已习惯如此卑微，所以我更愿帮助别人变得绚烂夺目，而不是让自己光彩照人，因为前者要相对安全很多。虽然我经营着自己的生意，却把重心和主要精力放在了前夫蓬勃发展的事业上，一心只想助其更上一层楼。还有我的爱犬"吐司"，它虽已离开了我们，却永远在我心中占据一席之地。它可是只明星小狗，我也就成了它的经纪人，甚至自称"狗经理"（这是句玩笑话，不过我也是非常认真对待这份工作的）。

小狗"吐司"职业生涯的大部分时间都致力于动物救援。通过Instagram 账户**、媒体亮相以及出席各种活动，她让人们进一步认识到宠物繁殖场的恐怖，并鼓励动物爱好者"以领养代替购买"。

---

* 即 Tinder 公关公司。在线上约会应用程序 Tinder 兴起之前，我就起了这个名字。但约会程序 Tinder 变得大红大紫后，大家可以想象我会收到多少误投递到我邮箱的电子邮件。

** 小狗"吐司"在 2017 年离世，我伤心欲绝，同时又感到无比幸运，因为上天让我在生命中遇到了它。我知道很多人把小狗视为挚友，而"吐司"则是守护我的尘世天使。我想以某种方式来纪念它，并继续我们的动物行动主义事业（同时也向大家展示我那些乖巧可爱的小狗们，它们都是"吐司"的姐妹，却不像"吐司"那样家喻户晓），因此我把 Instagram 账户名从 @ToastMeetsWorld 改为 @DogMeetsWorld，并在那里经常回忆和"吐司"共同度过的甜蜜时光。

每当人们对我说"你们为动物所做的一切真是太了不起了",我就会纠正他们说"好吧,这一切都是'吐司'的功劳"。一切全是小狗"吐司"的功劳!毕竟,人们出席相关慈善活动不是为了去看我。我可不是那只有着丝质栗色毛发,牙齿全部掉光,拥有天使般安静性格,可爱的舌头永远在外摇晃,曾被人救助的小巧可爱的查理士王小猎犬!怎么会有人想听我说话呢?即使对我自己来说,我也只是默默无闻的存在。

在陪"吐司"参加一个名为"男性绝缘体"的时尚博客视频录制后不久,我的自我认知开始转变。像往常一样,"吐司"依然是那只站在聚光灯之下惹人喜爱的明星小狗,而我则隐身幕后帮她打理一切。在旁观"吐司"工作时,我和一位名叫艾米莉亚·戴蒙德的女士聊了起来,她当时正为博客撰写稿子(她后来成为了我一生的挚友——这真是太棒了)。因为我俩的幽默感彼此相通,还都认为长了一模一样的额头,所以我们一见如故。我俩刚一见面就能相处得如此融洽自然,这让我忍不住释放出了一个小小的、秘密的……愿望(你还以为我要说"屁"么)。我告诉艾米莉亚自己想作为模特为博客拍摄一组照片。竟然是我!一个从未真正融入过时尚业的女人——她从不觉得自己能"驾驭"那些自己曾暗中想要尝试的风格。

如果你已经习惯于为别人摇旗呐喊而从不为自己争取,在贸然一试,毛遂自荐并得到斩钉截铁的"没问题"回复时(就像艾米莉

不安感

<u>再也不能</u>

让我

遍体鳞伤。

怪美的身体——接纳自身，绽放生命

亚给我的回复那样），你简直无法相信这一切。在意识到她确实给予了肯定回答之后，我的内心反应是"我都干了些什么啊"？我真的会参加拍摄么？身着盛装？让我那一身层层叠叠、摇摇晃晃的松弛赘肉毁掉整个拍摄项目么？

拍摄当天，我在镜头前感到浑身不自在："我有双下巴吗？我看起来非常格格不入么？我看起来硕大无比吗？那现在呢？现在我有双下巴吗？？？"拍摄团队只得用计转移我的注意力，而这招通常只用于坐在圣诞老人腿上哇哇大哭的小孩子身上。我觉得自己就像一只身穿蓬蓬裙的笨拙狗熊。然而文章发表后，大家的评论则显出另一番情形。读者们看到我这样身材的模特后感到兴奋不已。

普通人的身材！穿着时髦的衣服！！还出现在了我为寻找自身风格灵感而长期阅读的时尚博客上！！我如梦初醒，豁然开朗。仿佛一盏灯被打开，灯光瞬间点亮：<u>我的身体竟然曾经不是，现在也不是问题所在。</u>

我的身体
竟然
曾经不是，

现在也不是
问题所在？！
天啊！

　　这一顿悟和热情洋溢的评论反响让我勇气倍增，我因此创建了一个可以将此信念传递给其他女性的 Instagram 帐号。因为当时我正好身穿 12 码的衣服，就把它命名为"12 码风格"。然而，让我没有想到的是，随着体重飙升，我开始以一种前所未有的方式去学习接纳自己的身体，并最终向各种身材的女性群体讲述"接纳身体"这一理念。在 Instagram 账户获得大众关注后不久，我又创建了一个博客，以使自己有更多空间来深入探讨我所关心的话题。在撰写难以买到合适尺码牛仔裤这一话题时，我对在时尚圈、零售业、媒体和流行文化中大尺码缺失这一现象进行了更大范围、更加深入的讨论。我发掘得越深入，内心中焕然一新的信念口号也就越响亮：我的身体不是问题所在！

　　某些身体问题让我曾经倍感尴尬，现在我却引以为豪。曾经的

<u>我会隐瞒自己做过上唇脱毛，而如今我则在 Instagram 上直播脱毛全过程。</u>曾经的我会用匹配肤色的遮瑕膏来掩盖黑斑，而如今我则在上唇处涂上含锌防晒霜（看起来就像蓝色胡子）来预防黑斑，"蓝胡子"外观效果如此显著，甚至能和汤姆·塞立克 [译者注：汤姆·塞立克（Tom Selleck）是美国好莱坞知名演员] 的标志性胡须相媲美。曾经的我从不在公共场合穿短裤，而如今我竟然在海滩上秀起了我的丁字裤。我还一直在谈论便便问题（我可能把喝咖啡后找不到卫生间的惊慌失措的经历分享过头了，当时我放眼四周都找不到卫生间，只得在步行途中拉粑粑）。曾经的我绝不敢承认自己有毛囊或汗腺问题，而焕然一新的我则开创了一个全新产品系列，专门来解决诸如大腿内侧相互摩擦、乳房出汗、脚臭和屁股上长痤疮等问题。我用超级可爱的包装将这些产品通通打包起来，并称之为 MegaBabe（美丽大宝贝）。稍后我会进一步介绍"美丽大宝贝"这一品牌。

我原本并没有想到要为接纳身体这一理念而奔走呼号，而事实上却身体力行为其摇旗呐喊，多亏了女性群体的支持，这些不可思议的女性鼓励我继续前行，继续发声，继续揭露那些让女性感到羞耻之事的真面目：统统都是胡扯的虚妄幻想。在整个过程中，我了解到与那些感同身受之人来谈论这些事情是多么治愈人心。"你的乳房也出汗吗？我也是！我还以为只有自己为此感到苦恼呢。"借用骗人的减肥广告语来说，这种羞耻感"马上融化了"！

<u>我越能大方自如地谈论身体羞耻感，就越能克服这种感觉。</u>我开始明白，自己曾为身体感到羞耻的一切，其实并无值得羞耻之处。我开始意识到，理想身材并不真实，它只是社会创造出的幻象。我每发一篇帖子来讲述曾经自认为的缺陷，就会感到自身力量从心中腾腾升起，体会到一种令人身心愉悦的内心灼热感。

不安感再也不能让我遍体鳞伤。这一切让我有充足信心去开创"美丽大宝贝"系列美容产品，我刚才曾简单提及它，这一系列产品可以帮助人们解决诸如大腿内侧摩擦等曾让我倍感尴尬的身体问题。我想如果这些问题曾困扰过我，那其他人也可能会有相同烦恼（事实证明，无论你的体重、身材或体型有何不同，如果你切身体会过皮肤互相摩擦的感受，你就会理解皮肤摩擦困扰）。甩掉羞耻，重塑自尊，意识到自己值得被爱、值得享受成功、值得身穿靓丽时髦的衣裳，这些认知彻底改变了我的人生。不仅如此，我还重新发现了那个住在我内心深处小女孩儿的简单快乐，最让她开心的事莫过于穿着最喜爱的泳衣在临街草坪上奔跑雀跃，还很可能露出了屁股蛋儿。

我们每个人都有一段往事，第一次意识到自己的身体不被"接纳"。你是否也有过一段辛酸往事？你是否曾被一群缺乏安全感的青少年欺凌过？你的家人是否曾对你的身材评头论足，让你黯然神伤？班上的孩子是否曾给你起过滑稽的绰号？你是否是那个唯一不觉得绰号好笑之人？那个绰号是否如影随形，常伴你身？

也许那一天就发生在某个商店内——你是否曾被告知自己的身材不适合该品牌服饰？多年以来的经验让我认识到，并不是只有我一人有如此这般尴尬经历。我们大多数人在年轻时都缺乏积极性的身体认知强化。然而，你知道吗？我们每个人都具有重塑自信的力量。

为了治愈心灵，我们必须去剖析那些辛酸瞬间，它们如同浴室瓷砖上的污垢层层堆积。这种体验将会有点儿糟糕，但我会全程帮助你。接下来，我还会助你一臂之力，帮你强力清除这些心灵污垢。我写这本书的目的是帮助你治愈内心中的那个小女孩儿，她曾被告知自己的样貌丑陋不堪。因为隐藏自己会让她感到更安全，那个小女孩儿放弃了所有曾经喜欢的有趣之事，而我想帮助她找回那曾经的快乐。要知道，你仍然是那个女孩儿。她仍然住在你的心里。我们只需提醒她，把屁股蛋儿露在外面做侧手翻的感觉有多么美好。

班级里的"食人魔"

我在中学时的绰号是"食人魔"。班上的一个男生仅有一回用它来称呼我,从此这个绰号就传开了。

我那时已经觉得自己像个怪物了——"食人魔"绰号确认了这一点(请不要忘了,十一年之后那部让食人魔变得惹人喜爱的童话动画电影才横空出世,风行一时)。我感觉糟透了,极其厌恶这个绰号,但因为我很想让大家喜欢我,只得默认了这一绰号。我想表现得淡然自若、波澜不惊。

几年之后,我私下找到一些朋友,请求她们不要再叫我"食人魔"。她们照做了,随着时间推移,每个人似乎都忘了这件事……这个绰号常伴我身,与之相关联的感受也是如影随形。要不然我也不会写出这件辛酸事了!在讲述这件事时,我依然觉得自己是一名窘迫的中学生。然而,当我提醒自己以下这些事情时,这种尴尬感就会消失得无影无踪:第一点,我并不是食人魔;第二点,我帅气十足;第三点,就算我是食人魔,你猜怎么着?食人魔也是帅气十足啊,而且他们的歌声美妙动听,宛若天籁。

如何使用本书：一份简明易懂的手册

如果你正手握本书，它就是为你而著。我们都在为自身外表而感到焦虑不安，无人能够幸免。我们不是在焦虑体型、体重、橘皮组织或身材，就是在担心鼻子、嘴唇、牙齿、耳朵、肚子（和肚脐）、产后身材、头发、臂毛、脚趾毛、腿毛、阴毛，那些从我们的毛孔里长出来的任何东西，还会陷入痘痘、白头、黑头、下巴和乳头周边的须毛等无限烦恼中。说到乳头，又让我想到除了乳头，还有乳房、屁股、膝盖、大腿、小腿、小腿肚、眼睛（别忘了眉毛、睫毛、眼睑、黑眼圈和眼袋等）、指甲、疤痕、易出疹子的皮肤、酒糟鼻、皮炎、皮赘、萎缩纹、腋窝出汗、多汗症、外阴！……不胜枚举！<u>事实上，你可以在旁边空白页添加一些关于自己身体的具体情况，这样你就会明白本书是为需加油鼓气的你量身打造的。</u>

请相信：我本可以在整本书中讲述一个14岁胡须少女的心路历程。不管是何种问题，如果你早已厌倦为所谓的身体问题而忧心忡忡，《怪美的身体》就是你的菜。只要你愿意摆脱糟糕透顶的日子而拥抱精彩绚丽的生活，这本书就是为你而写！

感到焦虑不安并不可耻（看在所有美好事物的分上，我们不要在羞耻列表上再添一项了）。无论你与身体保持何种关系，你都强

你对自己的身体有何不满？来吧，一股脑说出来！

怪美的身体——接纳自身，绽放生命

大无比、所向披靡、风趣幽默并且值得被爱。这本书旨在助你强化这一信念：所有美好品质皆存于自身。每当需要给自己提个醒时，就请你告诉自己那个你早已知晓的事实：你的外在样貌并不决定你的内在价值。

这本书是神奇的万能解药吗？并不是。

请把本书看作一件工具，它能助你冲破无休无止的骗人谎话，帮你释放宝贵的大脑空间，让你能够专注于更喜爱的事情——那些带给你快乐的事情。请想象一个已经发展到超越"身体对话"阶段的世界，或者至少你已超越此阶段而其他人尚未解放的世界。对你来说，在这个世界里，运动只关乎身体和精神健康，而无关体重称上的数字或体型。在这个世界里，食物只是能量来源，而非助推内疚和自我惩罚的燃料。在这个世界里，衣服只是自我表达形式，而非达到目标体重的象征物。想象一下这将会何等解放身心，予人自由！这本书正是要帮助你在心中创建那样的自由新世界。

全书分为三部分：向内观照、向外觉察和向前及向上展望。

在第一部分"向内观照"中，我们将谈谈因为大脑塞满自身负面信息而白白浪费的宝贵时间和大脑空间。接下来，我们会集思广益，想出各式各样更为有趣的方式去充分利用这些时间和精力。大家小时候都有过被别人告知自己身材不好的经历，而我们会对这些早期记忆进行反思。我们还会认识自己的"吉祥物"——她们早就懂得这种"身材不好"的谎言纯粹是鬼话连篇。我们还要学会聆听内心独白，这样才能变得对自己更加友善。有件事需要大家知道，我也在这里强调一下，即我经常用"她"来指代住在你内心的那个孩子，但如果你喜欢用其他名称，请随时换成最能表达你自己的代词或词语。同时，这本书不仅仅是为女性而书：请大声阅读本书并（或）将它传递给任何能从中受益之人。

在第二部分"向外觉察"中，我们将学习如何采取行动来对抗那些让人们因身体而感到羞愧的外部和内部力量，包括电视上播放的那些有害信息，以及所爱之人出自善意却刺痛心灵的评价。在本书中，我们会经常谈论羞耻感，并会越来越熟练地对它竖起中指。咱们现在就可以试一试（顺便说一下，我在书中会经常说脏话。如果你不想每说一次脏字就把钱扔进脏话罐 [译者注：这是一种帮助人们戒掉说脏话习惯的方法，每说一次脏话就往罐子里扔硬币，以此作为说脏话的惩罚] 的话，还是请你用自己的语言宣泄方式来取代我的脏话连篇吧）！

怪美的身体——接纳自身，绽放生命

在第三部分"向前和向上展望"中，我相信你将会认识到一直蕴藏于自己体内的力量。在这一部分，我们将探索使用这股力量的方式。这会超级有趣，因为我会像超级酷的祖父母那样告诉你："你想做什么都可以！"

请以最适合自己的方式使用本书。

若你不愿意，并不一定非要从头读到尾。然而就像学习舞蹈动作一样，按时间顺序阅读会让大部分内容更易理解。本书的阅读应与你的生活节奏相适应。你可以随时拿起或放下这本书，或在忙得不可开交时将它束之高阁。如果你喜欢按倒序阅读杂志，也可以大胆采用你自己的方式阅读本书。如果你只有时间阅读某一章节，那也没关系！可能你会忙得焦头烂额，只能如厕时在手机上阅读本书，只有零星时间阅读某个边栏内容，那也只能接受现况。想把书倒过来读吗？完全没问题。（不过你能教我怎么做吗？）我向大家保证：任何阅读或"实践"本书内容的方式都是正确的。如果你此刻正用双手捧着本书读这一页的内容，你就已经在阅读学习中了。还有一件事情需要说明：全书配有作业练习，但是完全由你自己决定何时完成。我向大家保证：这些练习在今后人生中一定用得上！

读完本书后，请将这一理念传递下去，并大步向前走出自己的精彩人生。

读完本书后，

这一理念传

并大步向前

自己的精彩

请将

递下去，

走出

人生。

part 1

向内观照

（直面内心）

第一章

这块儿饼干到底吃还是不吃？

你知道是什么事情令我如此愤怒吗？让我达到那种怒火中烧的超级愤怒状态？

那就是
我浪费了
大量时间
沉浸于
有关身体
的负面
想法中。

我估计，自己已经花了大约……

六百万个小时胡思乱想，期盼自己无限缩小直至消失。

八百五十年绞尽脑汁，思考自己必须要做多少运动才能抵消掉吃进去的热量。

两万三千小时想入非非，假想自己拥有别人的胳膊、大腿、腹部、胸、屁股、手、身高或下巴。

四万六千小时折磨自己，试图实现上述的手臂、腿、腹部、屁股或下巴等部位。

数亿分钟提心吊胆，焦虑别人在我背后指指点点——还包括担心她们会怎样点评我穿某件裙子时的背部效果。

一亿三千万分钟憎恨自己，悔恨自己没有跳过各种形式的折磨而去做一些更有趣的事情（结果当然事与愿违，因为我全程都在为陷入这些折磨而内疚不已）。

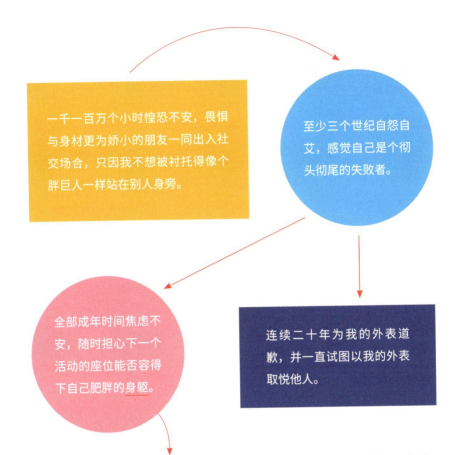

我口中的"活动",是指去电影院,坐过山车,坐飞机,看牙医,参加会议,去精致小巧的时尚餐厅和任何配有共享座位的餐厅里用餐,参加时装周活动(那些座位都超级小巧,我知道这一点不容易引起共鸣),录制"乳房出汗多"播客节目(我曾被卡在了工作室的椅子中),在扫帚橱般大小的浴室中淋浴,拜访朋友家……在本书中出现的所有清单中,这个单子可以写得最长。

我曾经花了这么多小时，这么多天，这么多月月年年，甚至几个世纪来为身体苦恼，你能想象我本可以用这些时间来做些什么吗？我可以学习如何制作翻糖花朵来装饰婚礼蛋糕，或加入中情局来尽情发挥我的面部识别超级技能。至少我可以把更多注意力集中于自己珍视且喜爱，却似乎从未有足够高品质时光来投入的事情中，比如我的友谊、家庭、事业或旅行（希望这个听起来不要像2011年的约会应用程序简介）。恰恰相反，我把所有时间和精力都投入到了那些无休无止并让我深陷于自我否定的事情中。

- <u>因为身材原因，我真心认为自己永远不可能在时尚界崭露头角，成为一个成功职场人。</u>

  "你实在是太胖了，"我这样告诉自己。我不光知道自己将永远无法穿进那些衣服，甚至那些鞋子里，还怀疑自己将永远无法融进同事们中，永远无法满足她们对身体的完美化理想（我也绝对坐不进她们那些小巧的办公椅中）。

- <u>因为身材原因，我从来不想和自己的女性朋友们一起去跳舞。</u>

  "你太过夸张，"我这样告诉自己。我可不想用自己膀大腰圆的身体、声如洪钟的声音和超长的臂展填满整个舞池。

● 因为身材原因，我避开了所有瑜伽课、拳击课和动感单车课。"你太过肥胖。"胖到不能去那种地方，不能被人看到自己大汗淋漓、气喘吁吁的样子。胖到不受那个空间欢迎，因为那里只为"天知道有多少块腹肌"的紧致身材人士开放。

但我今天要在这里告诉你，这一切都是大错特错。

这一切都是大错特错。

我花了很长时间才认识到这一点，而对此进行深刻领悟则花了更长时间。在我刚开始创作"12码风格"博客时，依然会无意识地贬损自己。当时，我的第一段婚姻正处于尴尬境地，并最终以离婚告终。我的事业也是不上不下，不再像之前那样让我充满成就感。我和自己的身体也处于一种非常奇怪的关系之中，部分缘于自己的婚姻和事业，同时也因积习难改，自己依然习惯于贬损和攻击身体。最终，是那些与我有着共同经历、彼此感同身受的女性支持了我，她们在博客和 Instagram 上的留言激励着我去努力化解自

己与身体之间的矛盾*。

<u>我的行动从关注自身想法开始。</u>我已经知道自己会进行自我折磨，但直到开始追踪自己的想法时，我才意识到这有多么频繁，曾对自己有多么严苛。通过关注自身想法，我开始直面自己的牢骚满腹，那些"哎，我今天感觉自己好胖"的哭哭啼啼，那些"我看起来像条大鲸鱼"的愤怒宣言，以及那些"在（请在此处插入任意季节／事件／假期）之前减掉 20 磅（约合 9 千克）"的信誓旦旦。

注意到这些愚蠢想法后，我开始意识到自己全部人生都曾被这些想法深深吞噬，而这一领悟又让我开始思考，若是没有浪费如此多时间担心自己是否过于肥胖，我这一生中原本可以做多少事情啊。让自己心中豁然开朗还是颇费了些时日，但我永远不会忘记顿悟那一刻：听完两位有趣且迷人的女士（她们都是让我深深敬爱之人）用一整顿饭时间抱怨假期增重后，我发现自己只是……对这种聊天完全无感，只剩厌倦了。

---

* 我应该说"持续努力化解自己与身体之间的矛盾"，因为像我们要在本书中完成的那种蜕变并不是一蹴而就的。

是去拼金牌，还是打退堂鼓
（……大家猜猜我选了哪个）

我其实本可以参加奥运会。虽然对此并无十全把握，但当我还在上高中时，上肢力量测试结果就优于 99% 的人群。我父亲听说这件事后立即告诉我说："你需要开始练习投掷铅球了。"太棒了，投铅球！每个迫切希望自己变得娇小玲珑的 15 岁女孩都想听到这句话。我那时已经沉迷于排球运动（在我的高中，如果你想成为大家眼中的时髦人士，排球算是个不错的选择），但我父亲才不会听我讲那些蠢话。他对我说："你有天赋，你必须去探索发掘它。"终于有一天，为尝试发掘我的天赋，我在放学后参加了男子田径队的 60 分钟训练。我在那里同我的男性朋友和我暗恋的男孩儿一起训练，在努力表现得娇小可爱的同时去学习如何从脖颈处投掷出一枚铅球。

好吧。我那时曾暗暗发誓，这种羞辱此生一次足矣。我绝不会再干这种蠢事了。我那时就只想当一个小巧玲珑的"粉红少女"，即使在排球训练时都不会流汗。所以我退出了。

但你能想象么，若我不曾为自己的身体感到羞耻，也许就能成功入选 2004 年雅典奥运会！我被剥夺了无限机会，而这一切正是由我一手造成的。

"我被剥夺了无限机会,而这一切正是由我一手造成的。"

我不想百无聊赖,也不想变得无趣。我想要出类拔萃、卓尔不群!我想要出人头地、所向披靡。我想要有所作为、改变世界。我想多花时间去做事、去尝试、去帮助别人、去生活、去真正活着,而少花时间去在活着的同时还要焦虑外貌和身材。

想象一下,如果我们没有把一半时间浪费在纠结吃或没吃那块办公室同事的生日蛋糕上,我们会完成多少事情。想象一下,如果我们不被"肥胖"这个词打倒,又会迸发出多少力量(顺便提一下,我们还会继续深入探讨"肥胖"一词,但如果你现在就想展开讨论,请参阅第二章和第三章内容)。想象一下,如果我们不被那些所谓的身体"问题"引发的焦虑所困扰,我们还会探索多少新爱好,体会多少新冒险,尝试多少新体验。

消极的自我暗示声量巨大。这一负面声音是如此响亮，足以淹没我们的情感和欲望。我们之所以不能总听到这些自我暗示的刻薄之词，是因为我们早已习惯了这种持续性咆哮。然而，当我们开始注意到自己是如何费心尽力贬损自身时，我们就能认识到这些聒噪之音的本来面目：令人厌烦并引起混乱的垃圾信息。这些信息是如此令人烦躁不安、心神不宁，<u>所以我们很快就会调低那只在头脑中不停聒噪的"收音机"，还会说：</u>

"不要再聒噪了。我听不到优秀的自我在想些什么了。"

一旦噪音消失，去聆听真正人生梦想的内心呢喃就会变得容易很多。

不论是肚子、鼻子、牙齿还是肘部皮肤困扰着你，这一切都无关紧要：当你学会如何不将时间浪费在自认为的所谓缺陷之时，就是你突然拥有额外时间去构筑幸福之时。

消极的

自我暗示

声量巨大

家庭作业『加法』练习 N°1

下一次你在集市买东西或上卫生间排队，或堵在路上时，试着算算你平均花了多少时间在为入嘴或没入嘴的食物而苦恼不已；为不再合身或永远难以合身的衣服而烦躁不安；为颤抖扭动、摇摇摆摆的身体部位而暗自神伤；为自己嫌弃却无法摆脱的毛发，以及艳羡而不得的秀发而焦虑不安；为自己的身高而痛苦；为自己的脚型而忧愁。

请不断在头脑中添加这些让你烦心之事，直到算不过来为止。发生这种情况时，请扪心自问：你可以利用这些时间做些什么呢？你想要做些什么呢？

请把脑海中首先想到的五件事情写下来。如果你有很多想去做的事情，写下十件、十二件、甚至十亿件事情也行。可以是异想天开的心愿（比如"我想成为一名喜马拉雅山雪人保护者"），可以是超级寻常的爱好（比如"我想阅读更多书籍"），可以是雄心勃勃的抱负（比如"我想重返校园，去读研究生"），也可以是悠闲自得的消遣（比如"我想多洗泡泡浴"）。最重要的是去收集并妥善保管这些梦想。可以用手机中的笔记程序记录它们，或在日记本上描绘这些梦想，或给自己发语音邮件，这样你就可以去回顾、审视、并拓展你的梦想，说不定还会给它们加上合理期限，并最终着手去实现其中一些梦想。

第二章

你好，
我的
吉祥物

你是从什么时候开始觉得自己的身体"有问题"？

请花点儿时间去思考一下这个问题。这里是你停下脚步去思考的地方。

若你发觉自己在想此事时会感到悲伤或愤怒，就请在这一页纸上尽情涂鸦吧。

我会在你回来后与你一同分享我的经历，然后告诉你如何为自己疗伤。

我是 7 岁那年意识到自己的身体"有问题"。妈妈带我去做一年一度的儿科检查（小孩子总会做这些事情）时，医生竟然要求我控制饮食。我是一个爱运动的孩子。我像姐姐还有朋友们那样参加体育活动，和家人吃同样的食物。我只是……比其他孩子更"大"一些，而我对这件事一直心知肚明。作为二年级全体学生中唯一一个身高达五英尺六英寸（约合 1.68 米）的孩子，身材魁梧的情况对我来说显而易见。然而，这却是我平生第一次被迫因长得"人高马大"而感到羞愧。

这种羞辱也绝不是最后一次。我在导言中曾描写了一些对我具有深远影响的时刻（详见第 8 页），其他一些则散见于本书中，不过这里则列举了一些重要新闻标题或事件摘要：

邻居老奶奶针对十岁的凯蒂·斯图里诺那"不断发育的身体"进行评论，凯蒂不知自己应如何应对这一信息

2:25 PM

九岁的凯蒂·斯图里诺为何会穿上她足球教练的球衣。"呃，因为我太胖，穿不进儿童球衣？"

小学生凯蒂·斯图里诺每吃一张薄饼就要跑步一圈，这样姑妈就无需为凯蒂额外增加的体重负责

体操教练告诉有志于体操运动的五岁小朋友凯蒂·斯图里诺，她"因身材过于壮硕而不适合练习体操"

哦，好棒："食人魔"，凯蒂·斯图里诺的朋友们在中学时给她起的绰号并不那么美好

对我来说，<u>有些事情在当时就显得十分愚蠢，</u>而其他事情则看似微不足道，在我眼中"稀松平常"。当我成年后回想起这些事情时，竟发现一生中的每一件事都堆叠起来（我不是故意说得如此夸张！），层层确认了我的内心独白：因为体型原因，我生来就有某些问题。

最近，我开始进一步思考自己在二年级时被迫参与的饮食控制计划。让一个小孩子去纠结卡路里摄入量这种事情简直太过疯狂。大人们想要教我去识别"好"或"坏"的食物或体型，而我当时那么小，甚至都不理解这些是什么意思。

鼓励小孩子们去摄入健康食物以滋养身体、强健体魄，这样做完全正确。教育孩子们先吃蔬菜后吃甜点，少吃"垃圾食品"，快乐运动，多去户外玩耍，少看电视，充分发挥想象力，在操场上尽情玩耍欢笑，这些更是对孩子们大有裨益。然而，去告诉一个小孩子她的身体有问题，而使其恢复正常的唯一方式就是限制食物摄入（而你的大多数同龄人还在为吃完整顿午餐而受到表扬，这尤其令人困惑），这简直是一团糟。

蠢医生，节食瘦身方案并不适合儿童

拍摄这张照片时我七岁整，正是那一年我的医生要求我严格控制饮食。我知道照片中的我看起来像个大孩子。我当时体格非常壮硕！现在也是如此（我身高1.8米，远超美国平均女性身高18厘米）。

我一直看起来"超龄"。人们绝不会对小孩子讲的话，却能心安理得地告诉我，我觉得部分原因就在于自己身材高大。与同龄人相比，我从来都不是一个"小"孩子。"小"总是甜蜜美好，"如此可爱"，让大家心生怜爱，相反"大"却常被视为一种缺陷（至少在谈及女性身体时）。然而，无论我的体重或身高如何，我的长相如何，事实上我就是一个小孩子。在这个年龄，我仍然会玩闪闪发光的小马玩具，仍然相信圣诞老人真实存在。我根本没有理由去焦虑不安，只为符合他人对体型的狭隘定义而取悦别人。当你再看到那个年龄的照片时，也就是人们第一次告诉你体型有问题时，请提醒自己这一点。

怪美的身体——接纳自身，绽放生命

我还没有孩子，所以并不知晓当被医学专家告知"你的孩子很胖，她必须控制饮食"这种话时，内心是何感觉。我妈妈当时在做她认为正确的事。她听从了医生建议，也采纳了自身成长过程中所受的一切教导。我妈妈忧心忡忡，她希望我可以像她那样（她体型匀称，身材比我娇小很多），在没有"脂肪"包袱的拖累下尽情享受生活。

我可以告诉大家，<u>节食心态的负面影响一直伴随着我的人生。</u>

真的，让那个医生见鬼去吧！

当我在 Instagram 上发帖讨论这个二年级的节食减肥方案，并询问大家是否也有此遭遇时，收件箱里涌现了大量回帖。这是其中一些主题：

- **七岁儿童和成年人一同参加减肥营**
- **八岁孩子测量腹部脂肪**
- **初中生因吃下某些食物担心自己会变胖而大哭**
- **深陷饮食障碍症的中学生**
- **自己肚子饿得咕咕叫的胜利之音**
- **因拒绝食物而受到其他女性（通常是家庭成员）祝贺**

怪美的身体——接纳自身，绽放生命

我本以为可能会让一些女性感同身受，却没想到竟然有如此之多的人深陷于童年的痛苦记忆中，无论具体细节如何，这些记忆皆可归为"我印象中第一次被别人告知自己的身体有问题"。

可能是某个一年级同学指出你的长相与众不同，或者你的暗恋对象在泳池派对上取笑你手臂汗毛重，还可能班上那总爱捉弄人的同学在中学才艺表演上拿你的青春痘开玩笑。若你因扑面而来的回忆深受打击，每每想到这些画面就胸口收紧或下颌紧绷，那就做个深呼吸吧。你可以假装自己在上瑜伽课，先深深吸气，再更深地呼气。<u>请重复，重复，再重复这一过程。</u>

你没有任何问题。

你的
美丽光彩照人。
你的
优秀熠熠发光。

我要说的话其实大家早已知晓：这些记忆不一定非要萦系于心头才会对自尊心造成持久而负面的影响。它们往往埋藏于灵魂隐秘幽深之处，并在我们脆弱无助时突然浮现。虽然我们不能改变过去，却完全可以战胜心魔，打败那些让我们将自我贬损从小内化于心的嘈杂之音。

怪美的身体——接纳自身，绽放生命

你猜怎么着？正是你内心中的那个孩子让你和自己的身体和解。这个小孩子会像吉祥物那样全程守护着你。

家庭作业 自我画像 №2

虽然刚刚才做了深呼吸,不过还是让我们小憩片刻。你可以吃些零食或去趟洗手间。如果你想把这本书也带去洗手间,完全没问题。我感到受宠若惊!如果你想把这本书带进卫生间,然后在那里突然决定想让自己好好放松一下,泡个热水澡,洗去心灵历练带来的一身疲惫,这真是个绝妙的主意!随你心意去放松身心吧。不过当你准备好了,就开始在脑海中去描绘那个曾经的自己,那时的你还没有被社会告知自己的部分甚至全部外表本身就有问题。

去问问自己这些问题:你当时多大?长什么样子?还记得自己喜爱的活动么?最喜欢哪套衣服?头发梳成什么样子?最喜欢学些什么东西?你会在胳膊和大腿上贴满超级英雄创可贴和纹身贴纸吗?你在玩过家家时会扮成什么角色呢?

请在头脑中构想出你小时候的形象,并不断让她变得明朗清晰起来。你可以把她画出来(在后边空白页上尽情描绘吧!)。如果不太会画,涂鸦也不错。涂上她最喜欢的颜色。如果她喜欢,还可以为她加一件超级英雄披风或戴一顶皇冠。如果你记不起自己曾经

家庭作业 自我画像 № 2

没有"太【请在此处填写内化的缺陷】"的时光,那就试着回忆一下小时候你最开心,或觉得自己力大无穷、勇敢无畏的时光吧(我是指真正的勇敢,而不是虽然不瘦却敢在海滩上穿比基尼泳装的那种勇敢,来和我一起吐槽这个词有多烦人吧)。

  这一全新版本的你,年龄＿＿＿＿,将成为你的吉祥物。她就是那个在日常生活中散发着天生自信及自尊的你,她将引导你完成疗愈心灵的全过程。她也需要你的帮助。你必须善待她,若她觉得其中一些练习太过艰难,你需用暖和厚实的共情之"毯"将她全身包裹起来,让她感受你的理解和温暖。你们需互相鼓励,携手走出阴霾,不再躲藏。有些书会在结尾处才吐露真言,告诉大家原来我们体内一直蕴藏着神奇力量,然而本书却并非如此。如果你之前以为会是那样,此处有剧透:我们会从最开始就告诉你力量在心中。神奇魔力其实一直都在你的身体和大脑里盘旋飞舞。本书正是希望能点醒你,并助你夺回控制权。我们将学习如何终结贬损自尊的自我暗示,*如何消除身体羞耻感,如何转化外部消极力量,以及如何面对无意中用话语刺痛我们的亲人。我们将会学习如何接纳自己的身体以及曾经认为的所谓身体"缺陷"。我们会认识到蕴藏于自身的强大力量,并学习如何驾驭这股力量,然后身体力行、绚丽绽放。

  现在你可以去问一问自己的吉祥物是否准备妥当,若你俩已蓄势待发,就奋力前行吧。

---

 * 你可以在自己的内心小孩儿面前骂人,但前提是你并不在咒骂自己。

请在此页画出你的吉祥物

第三章

拒绝噪音
聒之音

怪美的身体——接纳自身，绽放生命

请允许我把吉祥物表述得更玄乎些。你的吉祥物会在全程鼓励支持你，并在低落时让你想起蕴含于内心深处的自信。不过，她同时也是一个小孩子。你的吉祥物就是你自己小时候的样子，还记得不？<u>因为你已长大成人，而她还是个小孩子，所以你必须悉心呵护她。</u>

悉心呵护吉祥物（就如你自己）的第一步即是通过意识到我们如何与自身对话，

来终结自我贬损的恶性循环

多年以来我一直对自己十分刻薄，但因身材而自卑却让我真正陷入了自我贬损的漩涡之中。

在成为时尚博主之前，我在二十多岁时创办了自己的精品公关公司，专注于女性配饰品牌。我喜欢这个工作，不管是志同道合的同事，忙碌的工作节奏，还是策划构思的工作内容都让我心情愉快。我尤其热衷帮助女性创业公司及其创始人，见证她们的蓬勃发展总让我欣喜不已。

我工作中的一项重要内容是进行我们在业界称为"桌边会面"的工作。"桌边会面"是指公关人员将其客户以及（或者）客户产品带到媒体联系人那里，也就是她的桌边。拜访那些时尚杂志社的办公室本应让我兴奋不已，毕竟那些杂志我可是从小读到大。然而恰恰相反，这项工作令我唯恐避之不及，因为它让我感到自己就像一个彻头彻尾的失败者，一个土里土气、灰头土脸的冒名顶替者。时尚界有着历史悠久的排他性传统，长期以来一直因缺乏包容性而饱

● 怪美的身体——接纳自身，绽放生命

"我觉得自己就像一只狗熊，穿着沾满大便的运动裤误闯进了办公室。"

受诟病，不仅在体型和身材多样化方面趋于保守，同时还在种族和能力多样化、宗教、性取向、性别平权等方面墨守成规。虽然时尚界时至今日在包容性方面仍有诸多不足，但我想告诉大家的是，十年前或十五年前的情况更为糟糕，那时几乎看不到任何改善的希望。

我去这些杂志社拜访的很多女性和我一样都是高个子，不过她们的体重却只有我的一半。我总是觉得自己太胖了，这段时间也是我最积极健身并严格限制热量摄入的时期。她们全都如此美丽迷人，纤细的小脚配着"恨天高"，穿着我梦寐以求却深知自己并不合适的精致服装。不管我在清晨如何装扮，在衣服、发型、妆容上面花多少心思，更不论我如何专业地介绍客户，我从来没有感觉过自己属于那里。还记得我曾告诉过大家么，我觉得自己就像一只穿着芭蕾舞裙的狗熊？在办公桌旁，我甚至都没有蓬蓬裙：我觉得自己就像一只狗熊，穿着沾满大便的运动裤误闯进了办公室。

<u>我总是对自己恶语相向，</u>告诉自己不配去那里，不属于那里，告诉自己我是多么丑陋不堪、粗鄙卑贱。

请翻到下一页去阅读那些我曾对自己说过的狠话

我曾对自己说过的狠话

凯蒂,你是个彻头彻尾的失败者。

你永远不会成功。

你以为自己是谁啊?你可不是身材高挑的金发美女。你也秀不出"牛仔裤搭配白T恤"的休闲造型!看啊,你甚至连牛仔裤都穿不进去!

你凭什么觉得自己能在纽约闯出一片天地?你不配!睁开眼睛看看四周,然后滚回威斯康星吧。

你若这么胖下去,没有人会爱上你。

你简直蠢笨如猪。	没有人会形容你"天生丽质"或"婀娜多姿"。	你刚刚是讲了一个笑话么？请闭上你的嘴巴，不要再尝试了！
你永远都不行，无需多言。	若第一印象决定一切，那你觉得自己给别人的第一印象究竟传达了什么？	你就不能正常点儿吗？？
你为何总在拍照时做出如此怪异的表情？拜托，请看起来正常些吧。	我敢打赌大家要不就是排斥你，要不就是取笑你，或者单纯因你的存在而讨厌你。	你永远不会像这些女人一样优秀出色。

你可知道一面坐在那里痛斥自己，一面代表客户进行重要会面，去推销她们最新的绚丽珠宝系列产品这件事有多艰难吗？

其实，我猜你肯定了解个中艰辛，因为我们都有着类似的经历。

我对自己说的那些尖酸刻薄之话并不是凭空在头脑中出现的。在成长过程中，我早已有意或无意间习得了这套自我贬低大法。随着年龄见长，我用起来愈发得心应手，甚至英语都逐渐退居为我的第二语言，而自我贬损用语则成为了我的第一语言。

没脂肪 ≠ 没问题

那个看似无忧无虑，只因能穿上最小号尺码衣服就让你觉得她生活一定甜蜜幸福，倾倒众生的女孩儿，其实未必如你想象那般万事顺意。她的确能在不勒断腿部血液循环的情况下穿时尚牛仔短裤，但这并不意味着她没有苦恼（也许她就是没有苦恼，不过我又知道些什么呢？）。不过我非常清楚这一点：仅仅为了迎合社会标准而减重或增重并不能让问题神奇般解决。无论你是身重如我，还是身轻如燕，问题依然不变。你知道谁有头脑、智慧和力量来解决这些问题，朝着目标努力，并让生活变得更加灿烂美好么？我的朋友，正是你自己啊。想获得那些梦寐以求之物？正如此刻的你一般，万般美好都供君采撷。

直到创立"12码风格"博客之后,我才意识到对自己进行消极暗示的频率竟会如此之高。当然,这一认识并不能在一夜之间帮助我解决所有问题,但它却让我看清了诸多自我贬损的模式。我学会了分辨何种情形和交往互动会让我自怨自艾。我开始意识到生活中的哪些人会让我感到自卑,我在童年时期内化了哪些负面信息,在我成年后仍在内化哪些信息,以及上述情况是如何在我毫无觉察的情况下打击我的自尊。通过记录和反思这些模式,我的心境愈加澄明,对这些模式的洞察最终让我能够准备多种应对之策。同时,我也意识到这一点:<u>天啊,凯蒂,你真的要对自己好一点儿。</u>

我意识到自己原来一直都在毫无理由地折磨自己。我原以为只要我面对奶酪时表现出足够自律,坚决不吃面包,只要花足够多的钱去上健身课,用足够多的时间去做有氧运动,那么我的梦想工作、梦想伴侣、梦想机会和梦想生活就会通通实现。然而,减肥并不是能解决所有问题的灵丹妙药。现在的我比刚创立"12码风格"博客之前重了100磅(约合45千

天啊，凯蒂，

你真的要对

自己好一点儿。

克),但我却终于获得了真正的快乐。我对自己、对我的事业、对甜蜜的恋爱关系以及对我的友谊都满怀信心。请注意,并不是体重增加才让这一切成为可能。改变外表并不能让你的生活更美好。这些接连发生的转变更有可能是得益于我重新找回的自尊感。当然,拥有自尊还能让我更好地掌控生活,让我能够追求自己所设定的目标。

一旦我开始记录那些对自己说过的尖酸刻薄之话,一个词语立刻映入我的眼帘:

"肥胖。"
我意识到
我不仅
曾用

这个词汇描述自己，同时还用这个词汇侮辱自己。

多年以来，"肥胖"作为一种羞辱一直伴随着我的成长：无论是观看电视、阅读杂志，被迫听游乐场上的孩子对我评头论足，还是聆听那些让我仰望的女性们聊天对话，"肥胖"一词总会让我不寒而栗。各种外部力量都告诉我，肥胖就意味着自己令人作呕、人见人厌、活得像个笑话、不健康，而且处处不如人。不过最糟糕的是，我开始认为"肥胖"意味着没有人会爱我。长久以来，我一直担心因为自己体型的原因而没有人会喜欢我，而既然我是"肥胖"体型，那就意味着我注定不被人爱这一情况全都是肥胖作祟。每当别人说我胖时，我就仿佛听到大家在说"没有人想要你，也没有人

我
的确很胖。
没关系。
你可以说出来。

爱你。未来也不会有任何人想要你或爱你"。肥胖就是既不足又太过。在我看来,"肥胖"是一个人可能达到的最糟糕状态,而我就处于这种状态。我是个胖子。

<u>我的确很胖。现在没关系了,你可以说出来。</u>我也可以说出来。一旦我明白并最终接受这一点,即自己生来值得无条件地被爱,并且这种爱和价值与我的外表和(或)身体无关,而是只因我生而为人,值得被爱,那么"肥胖"一词就再也不能作为一种侮辱而刺痛我。我很胖?那又怎样!你要是这么在乎我,就给我开个派对呗。

"肥胖"一词总会在某些情况下(特别是当我感到低落、焦虑、不安或上述情绪皆有时)把我拉回游乐场上男孩子不怀好意地喊我"胖子"那一幕,所以相比"肥胖"一词,我会更倾向于选择其他词汇么?答案是肯定的。当我遇到过去熟识之人,而他们并不知道我的近况时(我为现在的自己感到骄傲),我就会立刻缩回到以前那个战战兢兢的自己,会时刻担心别人怎么看我的一身肥肉(接着我还会担心他们是否会给我过去相识的一群人发短信,并告诉那些人我现在长得有多胖,肯定早已不可救药)。"肥胖"一词仍然是我对自己进行羞辱时的首选,因为这是我学会的第一个自我羞辱词汇。然而现在,当我发现自己在用"肥胖"一词进行自我羞辱时,我就会质疑"肥胖"一词本身的侮辱性。毕竟,若我选择不将其视作侮辱,它就不能让我感到羞辱。

心灵密语

你也同样如此,生来值得被爱。让我们一起一遍遍地重复这句话,我想这会很有趣。如果我们能认同外表(包括体重和体型)并不是让我们变得讨人喜欢、成功、风趣、时尚等的原因,那么我们就能认同"体重即体重,外表即外表"的观念,不再对其赋予其他意义。增之则多,减之则少,回归本身,即是如此。我自然明白,嘴上随便说说和心中秉持信念完全不是一回事。所以现在,就请把"我生来值得被爱"视作一句需反复诵念的心灵密语吧,直到此信念深入骨髓,成为自然。

怪美的身体——接纳自身，绽放生命

也许
你可以
直面"肥胖"。

也许你会想，"这有什么大不了？"也许很久以前你就从试图用"肥胖"一词打击你的外部力量那里夺回了此词，而现在的你已将"肥胖"视作一枚值得骄傲的徽章，如果是这种情况，请把这种态度传递下去吧！没错！这正是我要表达的想法。这种思想对每个人都大有裨益。但我们要知道，在谈及外表时所有人都会为自己身体某处感到不安，而这种不安感正是源自恐惧本身。

向那些以积极心态接纳身体的女性朋友们致敬,正是她们夺回了"肥胖"一词,并将其转化为值得赞美之物。她们不再视"肥胖"为耻辱,反而认为它可以带来愉悦,这种做法让我受益匪浅,帮我重新正视了自己与"肥胖"一词,以及与身体肥胖的关系。

让我们先在这里停顿一下。<u>想一想那些由身体因素导致的焦虑不安,以及与此息息相关的自我贬损用语</u>。随后我们会进行深入挖掘。

这些不安变成现实,何事最令你恐惧?

若你还能忍受,我希望你把此点写下来。

接下来,让我们写下简短提示,提醒我们要对自己好一点儿。

天啊,_____
【请在这里写下你的名字!】

你要对自己好一点儿。

爱你,

_____
【写下自己的名字】

顺便说一句,我强烈支持你把含有提示信息的这页纸撕下来,贴在镜子上。

请在这一页写下你的焦虑不安和自我贬损用语

家庭作业　注意用词　N° 3

既然你已经写好了提醒，就利用这一周的时间来关注自我交流的方式吧。你还不需要利用这些信息去做些什么，但可以开始记录使用语言羞辱自己的情况。如果你的大脑有博闻强识、过目不忘之能，当然很不错。如果你还是需要把想到的事情写下来，那就随身带个笔记本或者用手机记录吧。

你已经开始密切关注自己的负面内心戏了，去问问自己是否注意到任何自我贬损的主题。这里有一些常见主题供大家参考：

不够系列（比如不够优秀、不够聪明、不够漂亮）。

太过系列（比如太胖、太矮、太古怪）。

也可能你的自我贬损主要集中于自我指认的特定缺陷上，比如自己的"问题区域"。

还可能是以一大堆自我责备和自我羞辱的形式出现："这全是你的错，你的_____看起来就像_____因为_____。"（潜台词：你自己就是个怪物。）

你可能会发现自己会经常想象，如果不是因为自己的【请在此处插入一个或多个"缺陷"】，生活会有多么美好。

你的自我贬损主题还可能围绕着某个关键词（有点儿像我那

样），诸如丑陋、蠢笨、愚蠢、一文不值、古怪、怪异、差劲。

我会在下一页留出一些空白地方，这样你就可以记录那些在脑海中突然浮现的自我贬损主题。我知道直面这些主题会很恐怖，但就像吐有毒胆汁一样（抱歉恶心到大家了），吐出来总比吞进去强。

看一看你写下的内容，现在向这些话大声喊：

你们无法影响我！

再来一次！

你们无法影响我！

再大点儿声！（没关系，你的邻居会以为你在观看电影。）

你们无法影响我！

如果你还放不开自己去大声喊，那就先在脑海中默喊这句话吧。但请一定试着找一处可以喊出此话的地方，比如在音乐震天响的浴室中，或者空旷无人的场地上。我向大家保证，这种方式有非常好的宣泄效果。

当你喊完后，试试这一招：找一支笔，在那些所谓的贬损用语上画一些欢快的涂鸦。给你的不安感和恐惧各加一条尾巴。再加上一双耳朵怎么样？让它们"喵喵"叫！只要能让这些词语变得不再那么可怕，就请随意发挥吧。

若任何不安、恐惧和贬损词语在你脑海中突然浮现，我希望你能告诉这些家伙们那个你早已明白的事实："你们无法影响我！"

你听到那声呼喊了没？那是你的吉祥物在为你欢呼雀跃。

家庭作业 注意用词 N° 3

请在此处写下你的自我贬损主题

你们

无法影响

我！

第四章

大胆说不，如此简单

怪美的身体——接纳自身，绽放生命

　　既然我们已经意识到自我沟通方式有问题，那么就一起来学习如何停止这些自我贬损吧。

　　在公共论坛上首次发布以我而非小狗"吐司"为主角的照片时，*我竟然惊讶地发现评论区是如此热情似火。我之前曾担心自己的形象会让网民反胃的情况并未出现。恰恰相反，我被来自女性群体的善意深深打动，这些女人因为看到我这种体型（也正是她们的体型）穿着她们自认为无法"驾驭"的服装而兴奋不已。她们想知道我在哪里找到了适合12码大脚的鞋子，还想知道我穿的皮夹克是何品牌，你们相信么，她们甚至还想看到更多我的照片。真是难以置信！

　　她们的积极态度点燃了我头脑中的一点想法。

"有没有可能，"
我开始怀疑，

　　＊　这个共同论坛是一个我经常阅读并从中获得服装灵感的时尚博客。直到拍摄那组照片之前，我从来没有想过自己能够驾驭该博客推崇的时尚风格（如果你因为跳过了这个故事而满脑子疑惑，请参看从第8页开始的前言部分）。

"我的体型或身材没有任何问题？"

尽管在当时这还是个假设性问题*，然而却引发了连锁反应并引导我走向了人生新阶段。当我开始越来越深入了解身体接纳和积极态度的意义时，也接连不断地得到来自其他女性的确认。这些女人当面告诉我或在 Instagram 上给我留言，说她们终于穿上了自己以为一辈子也不会试穿的短裤，终于发布了自己身穿比基尼泳衣的照片，而她们之前曾用无数时间感叹自己没有"在海滩称雄的傲人身材"。她们绽放的自信让我无法忽视那些曾对自己喋喋不休的刻薄之话。有如天壤之别——终于有一天，我受够了。因此，我停止了贬损自我的行为。

---

* 之所以说那是假设性问题，是因为我在大脑中给出的自动回答仍然是："哈哈哈，等等，哈哈哈，凯蒂，哦，天啊，简直难以置信，你的体型和身材当然有问题了！你真是让自己恶心！"

怪美的身体——接纳自身，绽放生命

好吧……我仿佛感觉自己可以听到你透过书页对我大喊：

"哦，好吧，那当然了，凯蒂，你就这么停下了？就这么简单，呵？"

好吧，不完全是这个样子，学会关注和记录自己的消极想法的确十分困难，而且这一过程毫无乐趣。但你猜怎么着？如果你读过第三章，就已经胜利在望了。

如何停止自我贬损行为

- **第一步**：注意到自我贬损行为（参见第三章）。
- **第二步**：用"你们无法影响我！"这句话来震慑那些自我贬损主题和贬损用语。
- **第三步**：你的负面想法在第二步之后会变得不再如此强烈，但是它们肯定还会继续出现。有时，新的负面想法会突然不知从何处冒出来！发生这种情况时也不要惊慌失措。你只须在脑海中对它们大胆说"不"。
- **第四步**：把每一个消极想法都替换成积极想法。

大概就是这些了。不必担心，我将会全程引导你……

如何大胆说"不"

你需要站在一面尽可能高大的镜子面前，这么做是为了能尽量看清自己的全貌。

现在开始观察：你如何审视镜中的自己？

你可能会发觉自己立即就被那些"缺陷"所吸引。你可能会注意到新的所谓"缺陷"。你甚至可能会在自己没完没了的"有待改进"清单上添加更多项目。不管你的大脑在想些什么，去引导你内心的吉祥物，双手放于臀部，然后坚定而明确地大胆说"不"吧！

● **怪美的身体**——接纳自身,绽放生命

94

<u>我们的目标是在出口之前就把那些自我贬损的话语咽回去。</u>

- "嘿，肚子，你为什么如此——"**不**！
- "嘿，鼻子，你真——"**不**！
- "嘿，痤疮，你毁了我的——"**不**！

不，不，不。请大胆说"不"！就好像你在告诉一个蹒跚学步的孩子绝不能用手触碰滚烫的烤箱："不！"

我可不是让你为橘皮组织写一首十四行诗，给自己发送臀部照片，或向手臂上那摇摇晃晃的赘肉示爱。我也没有要求你去公开宣布对牙齿、乳房或耳朵的热爱。那不是我的方式，你也无须采用。现在，我只要求你去屏蔽那些自我贬低用语，消除羞愧感，并最终不再将自身价值与这些东西等同起来。

如果你的内心仍在艰难挣扎，试试这个想法：你的任务是保护你的吉祥物，对吗？她还是个孩子，对吗？我的经验之谈是，如果你不允许别人对你既可爱又强大的吉祥物（她还是个孩子）说这些话，就不要对自己说这些话！

**家庭作业
小憩一刻
Nº 4**

说到孩子，你的吉祥物此刻可能正须舒缓情绪，小憩片刻。让我们把书放下，哪怕只有5分钟，一起闭上双眼，放松身心。（看手机可不能算是休息哦！）

怪美的身体——接纳自身，绽放生命

熟未必生巧

一旦你开始说"不"——不需要炉火纯青，开口即可，只要能把"不"字说出口，或牢记于心，最起码认同这一观念，我就需要你重新回到那面镜子前。

98

这一次，你须在大胆说"不"后面加上自我赞美之词。这些赞美无须与当前话题相关，只须关乎自身即可。每个人在身体和智力层面都有非凡之处。

看起来就像这样：

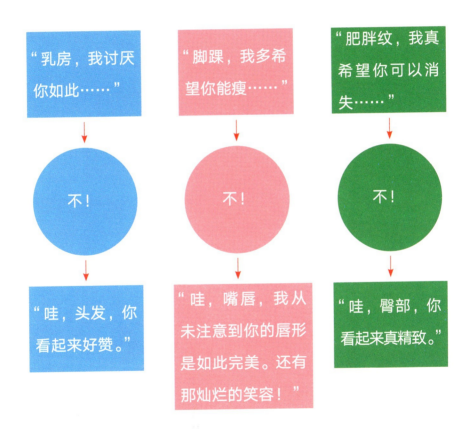

明白了没？现在就去练习吧！

羞愧感那个蠢货

你须明白羞愧感其实是一个彻头彻尾的蠢货。难道"羞愧感"这个词听起来不像 80 年代电影中笨蛋用的名字吗?

闪回 80 年代

- 某个家伙:"嘿,羞愧感!昨晚的派对真不错。今天有什么安排?"

- 羞愧感:"哦,还是老样子。我要让那个名叫凯蒂的女孩儿为她生而为人这件事感到羞愧难当。我觉得应该要让凯蒂明白,她是全年级唯一有橘皮组织的女孩儿。我要让她觉得自己是个怪胎,竟然比认识的所有男孩子都要高。还要让她觉得自己是个怪物,竟敢穿着她爸爸的旧 T 恤衫去朋友家过夜,她那些身材娇小的伙伴们可都是穿着印有独角兽图案的可爱睡衣,当然她也穿不了。还是那些事情,老样子。"

羞愧感这玩意儿糟透了！请尽情大声说出这句话。

　　想想你曾经因对身体感到羞愧而施加于自身的那些愚蠢且武断的限制吧。我曾经告诉自己因为身材过于肥胖而不能穿短裤。我曾超级渴望像身穿牛仔小短裤的那些身材娇小的伙伴们一样。但事与愿违，我每次穿上短裤，都会觉得自己像一只穿着牛仔裤露出屁股的北极熊——我这样说可不是因为觉得自己性感。

如果你有时间和精力，请在这一页写下<u>羞愧感那个蠢货限制住你的三个想法</u>吧。

我不能穿 / 做 _____，因为 _____。
我不能穿 / 做 _____，因为 _____。
我不能穿 / 做 _____，因为 _____。

现在，你能够挑战那种想法吗？

这是我挑战不能穿短裤想法的理由："我可以穿短裤是因为我可以穿任何我想穿的衣服。我可以穿短裤是因为我的双腿有资格去畅快呼吸*并感受阳光！"

轮到你来试试了：

我可以穿 / 做 _____，因为 _____。
我可以穿 / 做 _____，因为 _____。
我可以穿 / 做 _____，因为 _____。

---

*　不过需要坐下来时，我得向自己的私处道个歉。

既然大家
都在这里，
那咱们
就花点儿时间
对"羞愧感"
竖一个
大大的中指，
好不好？

羞愧感，快走开

<u>然而无论是否对羞愧感竖中指，我有时依然会感到无地自容。</u>我并没有达到身体接纳的某种类似涅槃的程度。不是……那样的。无论我们取得多么大的进步，总会遇到糟糕的一天。即便是受过良好便盆训练（译者注：即 potty training，便盆训练的目的是帮助宝宝摆脱尿布，在有自主排便意识后学会使用便盆进行排泄）的成年人不是也会遇到意外么！所以让我们都对自己好一点儿。若哪天你发现自己又回到了从前那个自惭形秽的老样子，就假装你是一只把尿撒在了地板上的小狗（很显然，我在写这篇文章的时候还要往卫生间跑），摇一摇头，拍一拍屁股，收拾一下残局，然后重整旗鼓再出发吧。

我需要重申：最终目标并不是去疯狂爱上你的每一个自认为的缺陷。

如果你不能忍受自己的脚丫，我也不指望你能弯下腰来去爱抚它们。我们的目标是不再将自己的价值与这些"缺陷"等同起来。让"羞愧感"快走开，这样你才能专注于自己的兴趣所在。

在开始写"12 码风格"博客之前，我已经知道自己的生活需要来点儿改变。不过我并不知道自己想要何种改变。所以我就从小事做起，那种能让人马上开始着手的小事情。

我开始写下那些让我开心幸福的事情，比如一些情感、经历和去过的地方。要是被人见到那张旧清单，即使是现在的我也会想找个地缝钻进去，因为它是如此俗气，不过那又如何呢？

幸福清单中的一个愿望是我梦想拥有一家冰激凌店。我一直以来都有这个梦想。我想要有一家自己的冰激凌店，还会在外面放一条长凳，这个小小的冰激凌天堂就会聚集起一群人。我希望自己的冰激凌店和长椅能在纽约市扎根，在那里朋友们可以巧遇或相约而聚，就像一个相亲相爱的小群体。

我最终开办了一个专注于身体接纳理念的时尚博客。这虽然不是一家冰激凌店，但我却通过它走进了一个美好奇妙的群体，在那里朋友们同样可以巧遇或相约而聚，那是真正互亲互爱的大家庭，它满足了我的全部期待[*]。

写下梦想，与其说是为了将梦想表达出来，倒不如说是为了让自己重拾童年那个爱做梦的习惯。

---

[*] 须自带冰激凌筒。

"幸福清单中的一个愿望是我梦想拥有一家冰激凌店。"

part 2

向外觉察：

内化认知，为己所用

第五章

聊聊
"垃圾信息"

怪美的身体——接纳自身，绽放生命

你知道饮食中最不健康的东西是什么吗？

- 曲奇面团？再猜猜看。
- 薯片？哈！抱歉，猜错了！
- 披萨？才不是呢！披萨可是神仙美食。

好吧，让我来告诉你：

饮食中
最糟糕的
东西
莫过于
我们

被反复
灌输的
那些
关于
身体的
有害
信息。

让我们来举些例子：黄金时段电视上播出的那些调侃胖子的笑话；Instagram 上发布的减肥广告；广告牌上大肆宣传的激光消除橘皮组织医美项目；杂志上的各种护肤小妙招以及铺天盖地的美容产品——从头上秀发到脚趾毛发将你进行全方位"打造"；电影里那针对乳房大小、形状和坚挺感的各种秘方；网上标题党文章里面那些女性收获爱情的艰难历程，你只有完成 20 步改造后才能迎来白马王子，而这其中包含着艰苦卓绝的健身之旅以及堪称神奇的战胜心魔之路。

<u>你是否已经疲惫不堪？</u>我认为大家并没有意识到那些狂轰滥炸的负面身体信息究竟有多频繁，更不要说这些有害信息还层出不穷、永无止境。

每当我们视自己为实施神奇变身术之前那不合心意的丑照；每当我们视自己为嘲讽对象；每当我们视自己为"不值得被爱"之人，我们内心的吉祥物就会把头埋得更深一些。

<u>我想带你领略一下被外部消极身体信息狂轰滥炸的一天，就连我自己都防不胜防，总不免将其内化于心。</u>让我们假装那是个星期六吧（为了达到说明效果，我还会比平时忙碌很多）。

请翻页阅读"我生命中的一天"

你是否已经累了?

> 被外部消极身体信息
> 狂轰滥炸的一天

早上 6点
我天生喜欢早起，所以此刻我正在外面遛狗。在她们拉粑粑时，我顺手翻阅了 Instagram 帖子。一则宣传减小腹的"排毒"茶广告帖吸引了我的注意力，不过我猜那玩意儿只会让你腹泻。

早上 6:30
因为那则愚蠢的泻药茶广告下面的话题标签，我花了半小时迷失在新旧对比照的无尽发帖中不能自拔。针对女性"变身前"丑照的评论中满是调侃胖子的笑话和呕吐表情符号。我的身体和那些女性"变身前"的身体相比并无二致。不知何种原因，我就是无法停止刷帖。早已抛弃理智的我连评论内容都如饥似渴地阅读起来。

上午 9点
我参加的健身班教练告诉大家，如果想在今年夏天身穿比基尼泳衣"大杀四方"，我们就要更加努力训练才行。人们到现在还说这样的话么？

上午 9:05
这门健身课的音乐真是糟透了。

上午 9:07
实在无法集中注意力，这音乐也太差劲了。

116

上午 9:15 我突然注意到，在进出过这间屋子的所有人中，到目前为止我是最胖的。这种情况在时尚精品健身课中屡见不鲜，尽管这些课程充满着欢快团结的氛围，但只要你不像个 90 后走秀模特那样闪亮登场，就很难觉得自己能融入其中。

上午 10点 上完健身课后，我在前台摆放的运动服货架前驻足停留。也许一套新训练服能让我更像一个 90 后比基尼模特（那些形象进入脑海后总也挥之不去！）。我只能不好意思地承认，自己想把这些衣服都买回家：定价畸高的露脐装，贵得令人乍舌的紧身运动衣和限量版运动衫。对我的信用卡来说这真是个天大的好消息：这个货架上的衣服我通通都穿不进去。

上午 10:15 离开健身房时，前台接待员问一位准新娘是否愿意报名参加"婚礼瘦身"项目。听到那位准新娘欣然同意，我在心中默默庆幸自己只在这家店买了班课，还好没买套餐。

上午 11点 和朋友们相约享用"早午餐"，并试图忽略旁边桌子那两位漂亮女士的喋喋不休，她们一直在哀叹自己毁了一整天的节食计划，但现在还没到中午呢。

上午 11:02 我注意到这份菜单除了提供普通拿铁之外，还提供"瘦身"拿铁，如果你开始担心，我也一样。

中午 12:45 一辆公交车驶过，车身上画着一位时髦自信的女士正在品尝一块小小的黑巧克力。她似乎在向我透露她身材娇小的秘密："如果你想在节食期间偷吃，要吃好。不过更重要的是，别多吃。"

117

下午 1:00 我和朋友们决定去街角那家"所有人"都在谈论的商店购物。"所有人"都找到了试穿的衣服,除了我——因为那里没有适合我的尺码。一位售货员高兴地告诉我说,她们店里千真万确有一条弹性很好的黑色打底裤!我谢过了她,并试戴了太阳镜。

下午 1:15 很不幸,在下一家店也没有找到我能穿的衣服。

下午 1:30 我们来到一家声称其网站售卖更大尺码衣服的商店。当我的朋友们还在试衣间抱怨吃完饭后觉得自己太胖时,我拿出手机去浏览那家网站。网站上有两款衣服提供我能穿的尺码,但它们是如此死气沉沉,让我差点儿以为这是一场恶作剧。"你从未穿过如此彰显你美丽的裙子。"一条裙子的描述如是说。另一条则标榜"突出的腰部曲线"。我感觉自己快要翻白眼了。也许我真应该买下那副太阳镜。

下午 3:45 我如约来到一家超级豪华的酒店,先生为给我庆生,特意在这里预订了按摩服务。我对此已经期待了好几个月了。在前台签到时,服务人员递给我一条奢华蓬松的浴袍,并带我来到了一间更衣室。

下午 3:50 我发现这件浴袍是为小孩子准备的。这件衣服完全遮不住我的乳房,也几乎遮不住我内裤外面的肉肉。这长袍上挂着的腰带可以当头带了。我不想把自己的私处暴露在按摩师面前,所以我赶紧穿好衣服回到了前台。

下午 4:05 我要求换一件新浴袍,并被告知我那件已经是为男士准备的最大尺码了,不过她们答应帮我找一条备用毛巾。我则在深表歉意和诚挚感谢这两种行为中来回切换。

下午 4:06 我很想知道这场事故是否会算进我的按摩时间里。

下午 6:10 我坐在电影院里,却怎么也坐不舒服。这座位也太小了,我只得去搂住坐在我身旁的先生,只为给我的手臂找个更舒适的姿势。不过他也面临着同样的问题,这让我想起了我俩不会再来这家电影院的原因。

下午 6:13 开始放预告片了,介绍的是一部我一直有所耳闻,看起来有些愚蠢却又很搞笑的喜剧电影,里面穿插着超级多关于胖子的笑话。

晚上 9点 回到家后我看了一档垃圾电视节目,里面一群穿着超小号衣服的女人挖空心思去争奇斗艳,只为争夺几个平平无奇男人的注意力。她们的教练都是同一人么?为何体型竟然会一模一样?

119

请举起手来，如果你……

如果你也曾为自己的身体感到愧疚而致歉，请举起手来。而我要举双手双脚，因为直至今日我仍然每一天都在为自己的身体去道歉。为身体致歉就像为呼吸致歉一样毫无必要。所以请跟我一起说：我的身体并不是强加之物。我的身体也有权立于此地。（如果说脏话会让你舒服一些，就在这句话的某处加上一句"去他的"吧！）

怪美的身体——接纳自身，绽放生命

通过阅读我一天的生活，你可能会意识到自己日常生活中也有似曾相识的"外部消极力量"。（顺便提一句，从现在开始让我们把"外部消极力量"就称为"ENuFs"吧，因为之前的表达实在太过绕口。我在字母缩写中加了一个小写 u，因为 ENF 让我联想到 ENuF，即 ENOUGH ALREADY! 取"受够了"之意，我们再也不要受外部消极力量影响了！）也许你受到的消极影响与我提到的那些完全不同。我们每个人都是与众不同的，而美丽标准却超级狭隘，这意味着我们每个人都必然会感到自己被不同的 ENuFs 以不同方式攻击。正因为如此，我鼓励大家去了解并密切关注那些直接打击我们信心的 ENuFs。事实上……

我们现在正在学习去摒弃那些针对身体外形的"应该"观念。

我的皮肤应该完美细腻。我的全身上下应该除了秀发之外再无多余毛发，我应该长得和我带到美容院的照片上那位著名音乐家一模一样。当我离开美容院时，无论身体遭受了多大伤害，它都应该像我每天早上喝的绿色果汁一样健康（辛苦锻炼之后我理应享受一顿早餐，那可是我"赢"来的）。不论什么时候，我都应该拥有小公主般的纤细小脚，手上的指甲也应该修剪完美。我的腋窝应该毫无异味，没有任何毛茬、毛发以及粘在腋窝皮肤皱褶上的绒毛。我应该身着名牌服装、脚配昂贵鞋子，不论什么时候，即使在睡觉时也要保持能立刻拍照上传 Instagram 的装束，而且我必须显得不露痕迹。我应该一直特别努力，这样才能显得毫不费力。我的妆容应该不淡不浓，这样既显得"气色不错"，同时又不让大家看出我有化妆——除非我需要参加一个奢华活动，那样的话我就应该掌握完美烟熏妆艺术而盛装出席。我的身材应该媲美那些美照中的女明星。我的体型应该媲美超模。我应该拥有大长腿隙（译者注：继马甲线之后的瘦身新标准，让很多女性引以为傲的大腿缝就是当双足并拢站立时大腿间露出的一条缝）。我的牙齿应该排列整齐，鼻子应该光洁无暇。我的皮肤应该紧致光滑，无丝毫皱纹。我应该，我应该，我应该。

你难道不觉得累吗？

你知道是什么让人愈加身心疲惫吗？是随之而来的潜在暗示，让我们以为只有进行自我惩罚（比如痛苦的医美项目、过度锻炼，

怪美的身体——接纳自身，绽放生命

以及下巴虽然完全有咀嚼能力却选择用液体补剂代替正餐等做法），才能实现那些"应该"目标。为什么我们总是觉得必须去赢得卡路里摄入量，赢得"在海滩上称雄的傲人身材"，赢得他人的注意和认可？下一次再有人告诉你（你可是一个对自己生活全权负责的成年人），她必须"赢得"一块蛋糕后才能真正享用它，请举起你的中指，就像一根生日蜡烛那样，吹口气，然后许个愿。

为了消除头脑中的"应该"观念，我们必须认识到这一有害观念的真实面目：一坨垃圾。

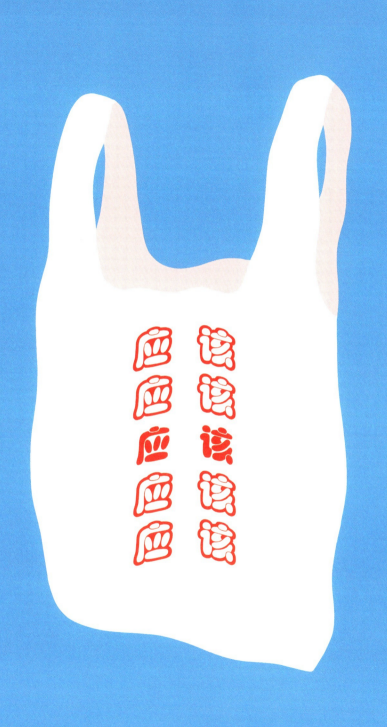

家庭作业 创意写作 N° 5

当你在记录时,可以问问自己:哪些 ENuFs 会经常出现,不光令人讨厌还让人头痛?别害羞,也别担心自己"太敏感"。请真诚袒露那些让你感到困扰、烦心和自卑的事情。这个训练最好在一周或一月内重复几次,当然你也可以选择任意时间进行。每记录一次,你就能更好地识别那些在不知不觉中让自己心烦意乱的事情(我们将在第六章中讨论出现在你生命中的一些人,她们会有意或无意地打击你的自信心)。

"哇,凯蒂,这听起来真像个糟糕的主意,说不定是有史以来最糟糕的主意。你真想让我到处去留意那些弄糟我心情的事情吗?难道我不应该忽略这些事情吗?"

这真是个好问题。因为 ENuFs 是如此普遍存在、变幻莫测,并能根据我们在任意一天、任意时刻的心理状态对我们产生不同的影响,所以我不认为大家能够"忽略这些事情"。ENuFs 会在不知不觉中悄然而入。虽然从本质上说我们是在记录一份"不开心"清单,列出那些让自己感觉糟糕的事情,因此这听起来像个糟糕的主意,但实际上我们却是在识别各种 ENuFs,这样才能摆脱禁锢,释放大脑空间。一旦我们熟悉了日常的 ENuFs,就可以轻松察觉到这些外部负面影响,继而可以选择到底是转变方向,与之抗衡,还是鄙视它们。

请在此页记录你生命中的一天

我认为大家
并没有意识
狂轰滥炸的
负面身体信
究竟有多

到那些

息

频繁。

一旦我们认识到其垃圾属性，就能更快速且坚定地举起无比鲜明的"不"字旗帜。我们不会再无条件地接受批评，而是开始挺身而出去捍卫自我价值。守护吉祥物也成了一种本能反应。

除了去识别出我们的ENuFs以及伴随而生的"应该"观念，挥舞"不"字旗帜和大声说"不"之外，这里还有一些其他方法可以尝试：

1. 我们可以控制自身对ENuFs的反应，将世界上最老套的分手台词拿过来，化为一句有妙用的口头禅："这不是我的问题，而是你的问题。请停止那些胡言乱语。"请把这句话视作对抗所有ENuFs的"精神铠甲"。下次当你遇到一则令自己自惭形秽的广告时，试着对自己默念这句话。若有需要可以经常重复这句箴言。

2. 我们可以力所能及地从日常生活中剔除一些ENuFs（比如说，为何你还在订阅那本每月都让自己心情糟糕透顶的杂志？），并尝试用一些积极的事情来代替（与其订阅一本每月让你尝试一种全新极端节食计划的杂志，要不要试着买一本满足自己乐趣的兴趣爱好类杂志？捐出你的浴室秤吧，用一块儿蓬松柔软的全新浴垫来犒劳一下自己。开拓一条不同的路线，这样当你开车去杂货店时，就能绕过那块令人作呕的广告牌而途经一座让人身心宁静的公园）。

3. 对数字世界中的所有ENuFs取消关注。我知道当负面信息从四面八方袭来时，真的很难"屏蔽"那些内容，不过取关那些让你心情糟糕的账户却是一步好棋。如果你担心自己因为取消关注会伤害这些账户的感情，问问自己什么更重要：是那些账户的粉丝数量，还是你自己的幸福感？

4. 在我们无法回避或取消关注的 ENuFs 周围设立界限（原因各式各样，而且你猜怎么着？我相信有很多这样的 ENuFs）。让我们举个例子：我那间高级办公室窗户正对着一面广告牌，上面将祛除"难看的痤疮疤痕"这件事与一则无法

回避的广告宣传语相提并论："展现最出色的一'面'，斩获最渴望的工作！"所以，我用一支装满了我心爱花朵的硕大花瓶挡住了那面广告牌，并提醒自己我和我那张布满痤疮疤痕的脸拥有一间宽阔奢华的高级办公室和一个写着我们名字的停车位。

5. 找出自己还能在哪里消除那些 ENuFs。一旦你开始寻找，就会发现这玩意儿就像狗毛一样，简直无处不在。

你可以尝试用一周的时间将一些方法付诸实践。就像小宝宝刚走路时那样，别着急，只管一步一步慢慢来。不过要是你的吉祥物胆子大了起来，已经心急如焚、迫不及待了，就帮她系上鞋带，让

她极速狂奔吧。

在接纳身体的过程中出现一波三折是完全正常的现象。如果你发现自己重蹈覆辙，重新让那曾在心中自动默念千万次的负面暗示影响自己，这并不是失败。曾经取得的进步并不会功亏一篑。如果你以为自己看到所谓的"完美"女性广告时再也不会自惭形秽，然后却发现自己大错特错，做几次深呼吸吧，请记住这些都是过程。

你知道还有什么东西记住之后能帮助自己么？一切行动是为自己，一切行动关乎自己。

去寻找适合自己的方式吧！是否觉得事情进展过于迅速？那就把脚步放慢一些。在直面我们携手克服的那些极度真实且强烈的情绪时感到内心挣扎？那就让自己好好享受一次脚底按摩吧。在列出长长的须改进"坏习惯"清单之后感觉自己天旋地转，不堪重负了么？那就让我们休息一下！再花点时间来思考以下问题：如果你想做出改变，那么你想为自己做出何种改善呢？（备注：你不需要修复！如此做只为治愈，无关其他。如果你觉得这是一个既不真实也不必要的改造任务，目的只为讨好别人，就坚决不要做！）问问自己为何要去改变或改善那些所谓的坏习惯，如此反思对你大有裨益。如果你的回答是"因为某人或某物告诉我应该如此"，那就没有充足理由为其浪费精力。即使是我自己或这本书告诉你也是同样的道理！请记住：当事关身体接纳和自我尊严时，你自己才是重中之重。你是为自己而努力。

一切行动
是为自己，
一切行动
关乎自己。

让我们花点时间来聊一聊 "勇敢"这个词是多么令人讨厌

在描述那些超过某一体重的女性群体以及她们或不同程度裸露或装扮华丽的身体时,"勇敢"一词纯粹是胡说八道。

消防员很勇敢,敢捉放蜘蛛的人很勇敢,你的吉祥物也很勇敢。但是,当我穿着两件式泳衣去酷热海滩享受清凉并(或)在网上发泳衣照时,我并不是表现得很勇敢。难道我只是觉得没啥问题,寻开心么?我不知道啊!我也不知道为什么会有人穿泳装去海滩,或在网上发美照,因为她们想这样做???

当人们在这种情况下使用"勇敢"一词时,就仿佛在说"你的身体真令人尴尬,你应该为它感到羞愧。不过,既然你并没有无地自容——虽然我们都被你那露出来的屁股和赘肉吓到了,如果我们是你,绝不会做出此等事情——好吧,这确实需要很大勇气(尤其是你,凯蒂·斯图里诺,实在是勇气可嘉)"!

觉得自己勇敢怎么了?难道不行么?勇敢当然很好。当你第一次穿上曾因体型而从未想过能够驾驭的服装时,可能会觉得自己很勇敢。你可能会因此感觉自己是一个真正的超级英雄。我自己就为此感到无比强大、无所畏惧!

亲爱的社会、媒体、男性同胞们以及其他相关人士,我所要求的只是在谈论关乎女性身体的话题时，请让我们作为每一个女人，每一个个体，自行决定我们何时勇敢或不勇敢。我们为自己做出这个决定。

"当人们看着我的身体时说'哦，我的上帝啊，她太勇敢了'时，我在想，'不，我并不……勇敢，我只是很优秀。我就是我。我就是性感'。你如果看到安妮·海瑟薇身穿比基尼泳装在广告牌上大秀身材时，你不会觉得她很勇敢。我觉得在谈及女性时总会遇到双重标准。"
——莉佐

"这就是我真正'勇敢'之处，正如看到那张我饰演安妮·莱博维茨的裸体照之后大家所说的那样……这就是当你的裸体照被疯传之后你希望大家说的话。你希望他们会说'多么勇敢的照片。然后你会说，谢谢你，哇，感谢你的夸赞'。"
——艾米·舒默

"人们会说'你穿那些衣服实在是勇气可嘉'。隐含的意思就是你很丑，你怎么会觉得自己能穿那些衣服呢？"
——明迪·卡林

<u>这不是短跑比赛，也不是一场马拉松赛！</u>没有人为你计时。除了自己，你无须向任何人报到。既无注册文件需要填写，也没有表格需要签署。你内心的吉祥物是一个小孩子，她甚至不知道文书为何物（当她发现四处堆放的文件，会自然而然地认为这些都是给她撕着玩的，或用来做漫天飞舞的纸屑）！我再重申一遍，因为怎样重申都不为过：你不需要修复。你本就美好而纯粹。你无须在待办清单上再添一项。这段狂野旅程是一条随你心意的漂流河，只要你能从中感到快乐，就带着你的心灵游泳圈随心所欲自由穿梭吧。如果某项练习如伸懒腰一般令人开心惬意、心满意足，那就继续坚持。如果你感觉自己精疲力尽，仿佛就要脱臼了，那就快停下来。做个深呼吸。等你养好精神，准备妥当后再回来。

在我们继续之前，我想先聊聊严峻的现实。

即使在培养身体积极性的世界中，狭隘的美丽标准依然存在。

尽管越来越多的企业和品牌承诺要迈出更大步伐来让自身更具包容性，一种"梦寐以求的肥胖"形象仿佛巨无霸一样在快速扩散，这种单一的女性形象被媒体大肆报道，人们争相为其设计造型、摄相拍照，对其进行激励鼓舞、赞美称颂，宛如一场媒体狂欢。这一女性形象几乎总是以白人为主，她通常是顺性别（译者注：顺性别指某人对自己的生理特征和生理性别完全接受），身体健康，而且穿14码服装（这就是我。你好，我的读者朋友。我清楚地认识到自己受益于这一特殊待遇，而我的使命之一就是激励那些并无此优待的女性们，并为她们摇旗呐喊！）。这一女性形象的腰围要明显小于胸围和臀围，她的肚子很平坦，而且从来没有双下巴（我想说自己总是有点儿双下巴），而且不知何故，神奇的是她周身只有少许橘皮组织，而且几乎不长肥胖纹。即便她长皱纹，那也是只有在微笑或眨眼时才会出现的俏皮小褶子。

若这是一个我可以要求提供任何服务的得来速窗口，我就会要求每个品牌、出版物、广告牌和T型台去雇佣、赞美、报道以及为形形色色不同种族、年龄、能力、性别、性取向的人群制造产品，并为不同的身材、体重以及体型喝彩。

你能为实现这一目标贡献一份力量么？当然可以！

一起来加入
提高身体积极性
和
促进身体接纳的
运动吧。

参与女性越多，运动声势就越浩大。我们可以向那些拒绝变得更加包容的品牌喊话，并呼吁那些你知道可以做得更好的品牌进行改进。我们还可以呼吁朋友和家人！我们可以支持由黑人女性、拥有不同能力的女性、同性恋女性、变性女性、原住民女性、不认同性别二元论的人们以及穿大码衣服的女性（她们最能体会买不到大码衣服的挫折感）所创办并引领的企业、品牌、倡议活动、组织和平台。我们还可以支持那些从一开始就更具包容性的女性创业公司，并鼓励那些在包容性方面突飞猛进的品牌再接再厉。我们甚至还可以自己创立事业，为这项运动添砖加瓦。

Supersize the Look("大码亦美丽")

为了避免大家认为我只是因某一话题而一炮走红,我还在 Instagram 上创立了一个长期系列帖子,名为"SuperSize the Look"(大码亦美丽)。在那个话题标签下面,我会将身着炫酷服装的名人照片和我对其造型的重新诠释并列。此举是为了表明,各种体型的女性都可以驾驭那些让她们灵感闪现却无自信穿上身的服装(全是 ENuFs 在作祟)。

然而,每当我在 Instagram 上发布"SuperSize the Look"(大码亦美丽)的帖子时,总会有人评论这两个女人谁穿得更胜一筹——要么是我,要么是作为灵感来源的明星。这与我本想启发的回应大相径庭。我们的社会总是习惯性倾向于让女性相互对立,而这正是导致女性内卷的原因。当我们把精力都浪费在评价走红毯的明星看起来比上一部电影胖了 50 磅(约合 22.7 千克)时,我们又怎能美丽绽放呢?

但是请听我说！请竖起耳朵听我说！我理解这种冲动！我们中的绝大多数人都是在杂志、通俗小报、电视节目和选美比赛包围中长大成人的，我们从小就被要求从一群穿着华丽的女性中选出优胜者。在任何时候，但凡有两个或两个以上女性并列时，我们总会不自觉地想要找出最明艳动人以及穿着最为得体的那位女性。我们如饥似渴地去关注那些有着痤疮、橘皮组织、肉褶、产后腹部以及其他一切与人类身体状况相关的明星"黑"照，因为别人告诉我们这些明星的"缺陷"是何等难得一见的奇观。我们从小就被教育（你的吉祥物也有在认真聆听么？）"从此过上幸福的生活"不仅关乎寻觅爱情（这是一个古老却错误的观念：要么结婚，要么凄凄惨惨孤独终老），而且还涉及一场神奇大变身，从"丑南瓜"一跃成为社会追捧的狭隘之美观念化身，即最原始的"前后大对比"。

#MAKEMYSIZE!("请生产我的尺码")

　　我生活中最大的ENuFs之一就是，我喜欢并想要支持的众多服装品牌都没有我的尺码。这很糟糕！我曾经一度恐惧试穿衣服，每当我举着一件让我十分欢喜的衣服时，我的好友或和蔼的销售人员就会鼓励我说："快穿上看看吧！"有时我会照做，但从来没有一次那些衣服会合身。实际上是完全不合身。我会卡在衣服里，弄坏拉链，或是为将那该死的衣服从我身上脱下来而撕扯坏布料。想象一下，大汗淋漓的我正卡在一件T恤衫中，一位销售人员站在帘子外问道："里面还好吗？"你知道里面的情况并不好，因为我发出的声音就像一艘火箭重入大气层一样震耳欲聋。真是太丢人了。这种事情总会让我羞愧难当，无地自容，想要缩成一团藏起来。

　　不过，随着我越来越能淡定自如地分享那些曾经让我尴尬不已的囧事（请记住，这绝不可能一夜之间发生，总会有一个过程），我决定开始分享自己在更衣室里的半裸照片，比如脖子上挂着纤细裙腰或小腿肚卡在超小尺寸的裤子中（请注意，这可是商店里的最大尺码）的窘照。我在社交媒体上每发布一张照片，都会给品牌打上标签，呼吁并恳求他们去 #makemysize（"生产我的尺码"）。求求你们了！

　　这也成了我屏蔽那个讨厌的更衣室潜伏者——羞愧感的方法。与其无休止地责备自己穿不进某品牌的衣服，倒不如通过公共论坛向该品牌提出要求，这样他们就知道我不是一个人在呐喊："嘿！你们能不能让那些好看的衣服多一些尺码选择？我很愿意穿上它们！我们很多人都愿意！"

　　#makemysize!（"请生产我的尺码"）标签话题达成了两件了不起的事情。首先，品牌商们听取了这些意见。已经有数不清的设计师和品牌承认"你知道吗，你是对的"，并实际拓宽了服装尺码范围。也有一些品牌回应说他们正在聆听意见，努力改进。如果他们是真诚的，我真心感谢他们所做出的努力，并热诚期盼能看到实质进展。但最棒的是，那些了不起的女性们开始分享她们自己的试衣间经历，并要求品牌商也能提供她们的尺码。若使用这个标签能让你感觉更加强大，并让羞愧感无法近身，那这个标签就是你的啦。

在接纳

身体的过程

出现一波三

是完全正常

中
折
的现象。

第六章

谈谈
"家庭传统"

怪美的身体——接纳自身，绽放生命

在操控审美、让人们长得"千篇一律"这件事上，ENuFs（详见第 130 页）并不是唯一元凶。<u>接下来的话可能会深深刺痛心灵，不过我想大家都知道我要说什么：</u>

很多时候，我们正是被自己圈子中最亲近之人进行身体羞辱。

请允许我回顾些许往事，以示怀念：

1. 在我的一生中，我的家人、朋友和恋人都对我说过不同版本的减肥规劝话，比如"你减肥之后会变得美丽动人"，或"你下定决心就能减肥成功"，甚至直截了当地问我："你何时才能减肥成功呢？"

2. 20岁出头的我曾沉迷于减肥而难以自拔。在我体重最低点时，比现在轻将近100磅（约合45千克），而要维持这个数字真须付出艰苦卓绝的努力。我的饮食近乎苛刻，不甚健康。密集的超强度锻炼让我的身体不堪重负。那时的我总是痛苦难耐，又累又饿，但我的家人却因我的体型而对我交口称赞。

3. 在一次家庭生日聚会上，我前任的姑姑毫不留情地指出我长了一双"大象腿"，然后和我说她不知该如何面对。那就好像在说，幸好是我长了一双大粗腿而不是她。好吧，女士，我对你简直无话可说。

4. 说到前任，我曾经交往过一个以羞辱我身体为乐的男人。他总会说我长得令人作呕（只不过他会用"我们"一词来掩饰他的羞辱，比如他会说"我们真是越来越让人恶心了，该减减肥了"）。只要我尝试某种新风格，或者穿露肉的衣服，他就会对我评头论足，暗地里讽刺我竟然没意识到自己看起来有多糟糕，我去尝试那样的穿衣风格简直是痴心妄想。

一些男人曾对我说过的话：

- "你应该做胃绕道手术（译者注：胃绕道手术属于胃短路手术的一种，通过手术减少胃容量和肠的吸收，以达到减肥目的）。快去做吧。做完手术后你会比现在性感一百倍。"

- "你的脸蛋好漂亮啊。为什么不把肚子再变得平一些呢（你会注意到这句话也属于"除'勇敢'一词外，让我翻白眼的其他常用词及短语表达"）？"

- "你尝试过瑜伽吗？你的身体一定会爱上这项运动。"

我曾在一个女人手底下做事，她直截了当问我说："你每天都吃些什么？"她怎么不直接问："凯蒂，你为什么这么胖呢？"

她的问题冷不丁就冒了出来，我还记得那个让自己引以为傲的回答"蔬菜和冰激凌"。算得上全力反击，是不是？

"那你为什么不试着多吃些蔬菜，少吃些冰激凌呢？"她的回答戳破了我的骄傲，自信心如唾液覆盖的气球那般瘪了下去。

因为这些人通过情感、身体、职业和（或）家庭关系与我们建立了密切的关系，因此对我们的羞辱贬损比起 ENuFs 更具杀伤力，更让人痛彻心扉、心如刀割，留下的印记也更为深刻持久。若是连最信任之人都告诉我们身体有问题，那又有什么理由不去相信他们呢？

在遇到诸多此类情况时，我们核心圈子中的亲近之人并没有意识到自己正在充当混蛋角色，这是最让人难以理解之处，也是至关重要一点，特别是当涉及亲人时。她们并没有意识到正在伤害我们，反而觉得自己是在提供帮助，毕竟她们认为这是一种关心。<u>当身边的人对我的体重指手画脚时，唯有记住这三件事才能让我的情绪不致完全失控</u>：

1. 她们的初衷想让我快乐。

2. 由于她们自身饱受各种苦恼、经历、ENuFs、人际关系，以及所处的恐肥时代背景影响，她们并不明白我的体重不能丝毫减损或增益自我价值，也不懂得外表并不能决定自我价值。

3. 这是她们的问题，与我无关。

不过
这仍然
很伤人。

当家人评论我的体重时,她们总会拿"你的健康怎么样"这样令我难以争辩的问题来问住我,毕竟我又不是医生。好吧,我的健康怎么样呢?我积极锻炼身体,还很爱吃蔬菜。如果你相信的话,我吃蔬菜多于吃冰激凌,虽然我的前老板并不相信这一点。

她们一直很想知道"你的胆固醇怎么样",我的胆固醇挺好的,非常感谢。如果被继续追问,<u>我就会告诉她们</u>:

- 我有自己信任的医生,每年都会做体检。
- 我每天醒来时都能精神抖擞地迎接崭新的一天。
- 我感觉自己强壮有力。

- 我耐力十足，精力充沛。
- 我保持运动（有时是挥汗如雨的刻苦锻炼，其他时候则是一手拿着冰咖啡，一手牵着狗绳绕着街区好好走上一圈）。
- 我给予身体富含营养的食物。
- 我排便规律。
- 我每天冥想并使用牙线。
- 我不是每天都使用牙线。我刚才在说谎。
- 单一的"健康体型"并不存在。

接下来我会请求这些人允许我询问其最近健康情况。那一刻她们似乎都闭口不言了。

你的健康是一件私事儿。

<u>我的建议</u>：请认真对待自己的身体，不仅要为它找到值得信赖的医生，用营养健康的食物去滋养它，还要让身体动起来，善待身体。别忘了一定要系好安全带，即便坐在后排也是如此！

不要责怪妈妈

  我爱我的妈妈。她是我认识的人中最独特非凡、最不可思议的女人。她善良而富有爱心,聪明而体贴入微,温柔而美好,同时对我关怀备至。她积极参加园艺俱乐部、读书俱乐部和法语俱乐部活动。她上过帆船课,技术很不赖!她还去环游世界,领略大千风光。这个女人从不依赖任何人来获得自己的幸福。她全权掌控自己的生活,这也是她让我为之心动的闪光点。正是因为她,我才成就了今日的自己。然而,母女关系却也十分错综复杂:无论是从属关系还是彼此独立,相似还是截然相反,我们和母亲们都是在完全不同的世界,在完全不同的时期中成长起来的两个独立个体。

  让我来翻译一下:在深爱妈妈的同时还被她不停歇的言语攻击激怒并不奇怪。根源在于她很可能是在一个喜欢对外表评头论足的家庭中长大成人。但仅仅因为这是一代人的习惯,并不意味这就是"颠扑不破的真理"。这也是我们今天要在这里努力解决此问题的原因。只有如此,我们才不会把负面身体能量传递给下一代人。

  妈妈是我的至亲之人,但她总喜欢对我的身体评头论足。虽然我从来不曾认为这是她的错,但这却成为了我一直难以跨越的心魔。若是给予我生命的女人都不能接纳我的体型、体重和存在,我又如何能接纳自身呢?即便我接纳了自己的身体……我又如何接受自己的亲生母亲不愿接纳我这一事实呢?

  她在一个全部由女性组成的家庭中长大。在这个家庭中,互相比较和评价身体是常事。我妈妈的绰号是"皮包骨"。她嫁给我父亲时，腰围仅有 24 英寸。即使她现在 70 多岁了，仍然身材瘦削。在成长过程中，我从来不想和她谈论自己的体型，因为她总会没完没了地评头论足。我认为她不会理解我那种感觉。

　　她不会理解，这可能是一个诚实的答案。即便今日我也不认为她会理解我。然而，作为一个孩子，一个青少年，甚至一个二十多岁的人，我那时并不理解妈妈自己原来也会有根深蒂固的不安感。她怎么可能没有呢？我们所有人都被灌输了这一观念：我们的身体需要永无止境地不断完善。作为女性，我们永远都不够好，不够健康，不够瘦，皮肤不够光滑，年龄不够年轻，体毛不够干净，身材不够娇小，名目不胜枚举。这一事实激起了我对妈妈所处境遇的深深同情。在生命中的任何阶段，她都无法求助于秉承身体积极性理念的女性群体，因此她不得不忍受更加糟糕的 ENuFs，而且只能独自忍受。她和朋友们并没有谈论这些事情的习惯。即使有的话，她们也只是对各自的体重、失败的节食计划和喜好甜食的习惯进行互相批评。我长大成人后才意识到，原来妈妈对我的评头论足就是她帮助我的方式。她希望我变得身材娇小，因为她相信这样我的生活会更轻松些。所以说，当我们的妈妈、奶奶、姑姑或其他女性长者、榜样或监护人指出我们的身体不够好时，这不是她们的错。我真诚相信这一点。她们正在试图帮助我们远离那曾经或正在折磨她们的痛苦。她们正试图把曾经或正在学习的东西传授给我们。对她们来说，这些皆是身为女性的一部分。

　　幸运的是，我们知道作为一个女人，意味着自己有能力将这些陈腐愚昧的观念抛到九霄云外。

识别危险信号

能识别出核心圈子中是谁让我们自惭形秽并不总是轻而易举。我的意思是，你认为这很容易是吗？因为羞辱就是羞辱，本来就明明白白？但现实情况是，许多羞辱贬损其实是在友好的玩笑话、虚伪的一团和气以及暗带讥讽的恭维话等隐蔽伪装中进行的。我永远不会忘记，有一次我出席晚宴活动，那场晚宴的女主人——一位身材苗条、腹肌分明，几乎寸步不离普拉提训练器的女士，向着整桌客人指出我的"运动型身材"。

"我敢打赌自己的肩膀比你的更宽阔，"她挑战说，"让我们来比试一下吧。"

然后她让我们背对背站在大家面前，这样就可以看出谁的肩膀更宽大。很显然，我的肩膀要更壮实一些。整件事情十分愚蠢可笑。同行客人后来告诉我，他们也认为这件事非常匪夷所思。但最不可思议的是，直到其他人指出这一点后我才意识到整件事的荒诞性。在此之前，我只是沉湎于以身体为耻的自怨自艾中，觉得自己仿佛是一只巨大的蜗牛，只盼着找个地缝赶快钻进去（想起自信心像气球泄气时的噗噗放气声）。

<u>我们已经习惯于为自己的身体感到羞愧，以至于当别人令我们苦恼沮丧时，我们甚至意识不到这是别人的问题。</u>其他人告诉我们要勇于嘲笑自己，这样就能加入开玩笑的人，而不是成为笑料本身——即便我们早已沦为笑柄。即便别人对我们无礼，就比如晚宴主人邀请我当着全桌人的面比试肩膀，其他人也希望我们要礼貌待人。其他人让我们相信为身体感到羞愧是自己的问题，毕竟，是我们本身长成了这个样子。但我在这里想要告诉大家：我们对自己身体感到羞愧，完全是因为其他人让我们对自己的身体感到羞愧。

识别出朋友的"玩笑"其实是明褒实贬的恭维话，家庭成员的"对你健康的关心"其实是一出关于负面身体评论的 15 分钟肥皂剧表演，所有这些都能帮助我们将负面垃圾信息与自身分离开来，这真是振奋人心的好消息。他人对你身体有看法是他人的问题。

除"勇敢"一词外，
让我翻白眼的其他常用词及短语表达

"显好"："显好"一词可以委婉描述那些让你看起来更显瘦的衣服。"不显好"则能委婉表达衣服会显出"多余脂肪"。因此，当有人告诉我某件衣服让我的体型"显好"时，或者点评我穿的某件短裤让我的大腿"不显好"时，我理解的意思则是"那件衣服让你更显瘦，这很不错"，以及"那条短裤让你更显胖，这很糟糕"。

我鼓励家人和朋友们不要使用"显好"一词，而是尝试去说类似"凯蒂·斯图里诺，你穿这个衣服真漂亮"这种话。

我还鼓励家人和朋友们不要使用"不显好"一词，除非我真的需要他们给出具体意见，否则请不要给出任何评价。若在极个别情况下确实需要进行点评，我希望她们能足够了解我，会说出"这些短裤不是我的最爱,因为我更喜欢其他风格,但请选择自己喜欢的衣服吧,那才是最重要的"这种话来。

"你的脸蛋真漂亮!"这种话在我听来却是在说"但你的身材真差劲"。还有更糟糕的话,"如果你能减掉一点点重量,就会变得超级漂亮"。呃,谢谢了!!!"我们没有那么大的尺码,但你可以试试12码。"当服装店不提供我穿的尺码时,我确实很感激那些一心想要帮助我的店员。毕竟,设计师没有考虑我的尺码,店铺不想销售大尺码衣服也并非他们的问题。但我真的很想说:"朋友,看看我这样子。咱俩彼此都心知肚明我穿不了12码的衣服。为何还要让我经历困于试衣间的奇耻大辱呢?"

家庭作业 照料心灵花园 №6

请花点时间去想一想在与亲近之人交流过程中那些让你感觉糟糕透顶的体验。是否有人总让你不开心？和亲近之人在一起时你是否会被"群起而攻之"？这些冒犯是有意而为，还是真正出于对你的关心和爱护？

你特别是当涉及自己所爱之人时，这些问题异常棘手。然而为追根溯源，我们必须要厘清这些关键真相。一旦你能确认身体消极感受的根源，就可以开始拔除这些杂草。

负面身体信息消除之园丁指南

识别杂草
任何让你对自己身体感觉糟糕的某人或某物即为杂草。

确定杂草类型
若你感觉"杂草"的消极性来自于有意为之的恶语伤人，而且你也不愿在生活中与之继续纠缠，那么我希望你果断丢掉它。请直接阅读下一页的"拔除杂草"部分。

若"杂草"的消极性并非有意为之，而且你知道这些"杂草"是在你生活中举足轻重、关心爱护你的人，那么你就应该去尝试移植的方法。

拔除杂草

如果你需要拔除杂草，有以下几种选择：

1. 你可以告诉"杂草"自己已受够了那些胡言乱语，除非她们不再对你的身体指手画脚，否则你将与她们再无瓜葛。

2. 你可以向其他朋友寻求帮助支持。比如像这样，"嘿，朋友？如果第三群聊组员又开始盘问我的节食情况，你能帮我转移下话题吗？"

3. 你可以找借口离席、退出正在进行的谈话或避开某个话题。任何时候你都可以选择退出，而且你猜怎么着？你永远不需要选择重新加入。

我们的总体目标是保护自己不受他人消极能量的侵扰，就如同保护自己的吉祥物不受霸凌一样。若你发现自己会担心在这种情况下无法保护自己，那就站得更直一点，伸一伸背，然后问自己："我将如何保护自己的吉祥物？我此刻能做些什么来保护内心深处那个翻跟头的小孩子呢？"

移植"杂草"

若要移植"杂草"，须从谈话着手。若是某人说了一些伤害你感情的话，或者更好的情况是（但却更难），在她们有机会说出这些伤害你感情的话之前，就把她们叫到一边私下聊聊，让她们知道那些话会让你作何感想。你可以设定界限，让别人知道某件事好笑或不好笑。你还可以表明自己对这段关系的期望，并用心聆听，判断与他人期望是否一致。那些值得你为此努力的人会把你的话放在心上，而对那些置若罔闻、无动于衷的人，好吧，就此别过。

请记住一件事

虽然我真诚地相信人们可以做出改变，而且我自己也已见证了人们的转变，但改变她们并不是我们的责任。你的责任是保护自己不再受负面信息影响。我已将这些肺腑之言和盘托出，现在就请追随自己心意去行动吧。

第七章

接下来
有何打算？
（真心朋友
永相随）

Clock face items (clockwise from top):
- Meditation
- Picking up tennis (even though you're bad at it)
- Learn to cook like Julia Child
- Quitting your job and joining the CIA
- Finding love at the grocery store
- Become someone who kayaks
- Run for local office (or your office's baking committee)
- Deepening friendships
- Hopping on a plane
- Calling your mom
- Getting into fancy soap
- Learning Mandarin

Feet of the clock:
- Shame
- Thinking about what you just ate
- Counting calories

怪美的身体——接纳自身，绽放生命

<u>一旦意识到蕴藏于体内的巨大力量，你接下来有何打算？</u>

我们一直探讨并追求的变化并不会一蹴而就。你须经历一个过程，让一直蕴藏于体内的力量、信心和自我价值逐步加强。

我希望你在这一旅程途中和今后人生中都能经历这种顿悟时刻，在沐浴之后看着镜子里的自己突然意识到"哦，上帝啊。哇，我终于意识到：自己的身体原来是如此神圣非凡、令人惊叹的细胞集合体，须刻于山之一侧或由著名艺术家立即描绘出裸体之美"。

你可以每天都被自己的身体之美震惊得目瞪口呆。

你可以忽视那些自我认为的"缺陷"。你可以照镜观身，承认自己的身体并向其点头致意，然后继续自己的生活。你可以"满不在乎"。这一切只因你有更为重要的事情去做。你值得这个世界的所有美好，毋庸赘言。你的样貌与此毫不相关。

你知道妈妈能对孩子说出"因为我说了算"这个明确回答，从而一劳永逸地让孩子们不再进一步发问么？

好吧，若是你的吉祥物开始追问"但是为什么"时，就去告诉她：你值得所有美好，因为我说了算。你值得因为你值得因为你值得*。

一旦我开始理解这一切，一种难以抑制的分享欲望便随即在胃中奔涌上升（以一种好的方式）。这种感觉与我意识到抗抑郁药物起效那一刻如出一辙：你是在告诉我，我终于不用再垂头丧气、郁郁寡欢了么？是真的吗？你是在告诉我，我终于可以随心所欲去思考了么？可以专注于那些让我乐在其中之事了？你是在告诉我，我终于可以开开心心了？我终于可以甩掉那个混蛋"羞愧感"，转而与我的超酷朋友"自信心"为伍了？

---

* 到第四个"值得"时，这个词就会听起来很古怪，这时你可能需要转移话题了。

你

值得所有

美好

这就是为何我要这样做。这就是为何我不能缄口不言!

那要是"羞愧感"想与你重归于好呢?

<u>这里有一则相关小故事与你分享:</u>在写这本书时,我因有幸可以宣传身体接纳理念而感到欢欣鼓舞,正在这时我在大街上巧遇了某个过去相识之人。

见到此人时，因为其让我想起了生命中那段为外貌自惭形秽的痛苦时光，我顿觉天昏地暗，内心翻江倒海。我们停下脚步攀谈起来，仿佛这一切稀松平常，而我的五脏六腑却在隐隐酝酿着一次严重腹泻。我告诉这个人我在"忙"些什么，他也说了自己的打算。我们这次聊天只持续不到五分钟时间，毫无波澜，若有人看回放也一定会昏昏欲睡。然而，由于这个人让我想起了一群"有毒"之人，加之他比我更"酷"，比我更"好"，在我还未认识到自身力量时他的力量远在我之上，因此当我离开时感觉自己异常渺小，无足轻重。我是个不被人爱的丑陋怪物那种旧念头如潮水般涌上心头。"我怎敢妄想品尝成功滋味呢？"我突然冒出了这样的想法，"认为自己能有所作为是多么不自量力，多么尴尬可笑啊。"

镜头切换到：走在去参加本书研讨会的路上，我在纽约街头哭得像个孩子，然后又为自己的委屈哭泣和有如此想法感到羞愧不已。

"振作起来，凯蒂，"我告诉自己，"你应该战胜心魔！若连你自己都无法做到，又如何能侃侃而谈去劝导他人战胜盘亘于内心的身体魔咒呢？"

那次聊天带来的糟糕感觉在一天中逐渐消散。慢慢地，我开始冷静下来，平复心神。我与那人交流时产生的沮丧之感竟然烟消云散了，这一有趣的认识让我平静下来。若是几年前，这种难受感绝不会"消散"，而是如影随形，化为我生活的一部分，与我息息相

关。虽然这种感觉再次袭来时如此痛彻心扉，却也意味着它不再常伴我身。在我挥舞着巨大的"不！"字旗帜，为我的吉祥物挺身而出，并将本书中谈到的所有策略付诸实践之后，这种感觉竟然消失了，真是让人欢欣雀跃，备受鼓舞。

我把这些告诉你是因为你也会遇到同样糟糕透顶的日子。那也没关系。你才不会被那些不如意的日子打倒。你一定能披荆斩棘，战胜心魔。请为内心的孩子鼓掌欢呼吧。她确实曾经重重跌倒在地，但却依然顽强站了起来。

接纳身体随之带来的积极影响

随着我对身体和自我价值的看法向积极方面转变，生活中的几个主要方面也发生了积极变化。

1. 爱情！

我在离婚期间体重增加了七十磅（约合 31.75 千克）。我一面熟悉着全新的体重和身材，<u>一面也在重新认识内心深处最想迫切实现的愿望、需求和欲望</u>。我意识到，自己真正渴求的其实是被人深深地、无条件地爱着。而作为回报我也希望自己可以深深地、无条件地爱人。

自然而然地，我也去了所有现代人寻觅真爱之所：由约会软件打造的网络空间，一个充斥着不请自来的骚扰照片、不受欢迎的笔友和未来某一天"玩消失"家伙的地方。其中充斥着很多垃圾，当然也有很多乐趣。

接着，我就不可思议地邂逅了那个未来会成为我先生的男人。他喜欢我的身体。他认为那是世界上最热辣性感之物，我对此满怀感激。两个人互相喜欢，彼此爱慕真是一件美妙的事情。他向我表明，他是因爱我本人而爱我的身体，并不是因我的身体而爱我本人。仿佛接纳身体后人也会变得性感。我的爱人让我明白，不论我如何看待自己的身体，他依然爱着我。我的爱人还用行动告诉我，我是值得被爱之人，我曾经不必，现在也不用去"改造"自身，去重塑自己的体型或观念来赢得他人的爱。

独家约会指南

让我来告诉你一些事情吧：在约会程序的自我介绍中，我展示了自己的身体！我向大家展示了我的情况。人们也许会被我吸引，也许不会，但无论怎样这都不是我的问题。我从一开始就和盘托出了自己的真实情况，这帮我省掉了很多不必要的烦恼。

如果你有约会的打算（不管是长久以来第一次尝试，还是有史以来第一次，这些都不重要），最重要的是所做之事合乎本心，顺意而为。

你需要：接纳此刻的自己。

请不要：隐藏自己。

你需要：为避免麻烦从前往后擦（这是一则有关约会软件/卫生纸的笑话。各位朋友，我知道这个笑话可能有点儿冷）。

请不要：听信任何（包括你脑海中的声音）让你觉得必须长成某个样子，或经历宏大情感升华才能找到真爱的话。此刻的你值得被爱，未来的你依然值得被爱。

你需要：让那个阻挠你勇敢做自己的羞愧感滚远些。羞愧感只是因两手空空而恼羞成怒。这不是你的问题。

<u>你也无须如此。</u>

你<u>无须</u>为赢得爱情而改造自己。

　　你无须改变自己的体重。

　　如果你不愿意，也无须完成这本书中的任何训练。<u>你理应拥有甜蜜爱情和真挚感情，只因你存于世间。</u>

2. 收获新朋友！

在我开始接纳自己的身体后，我结交了很多新朋友。在这段时间中，有些友情也会突然停止。

<u>并不是所有人都喜欢你那重新拾得的自信心。</u>那些曾在你"旧"生活中占据一席之地的人可能无法适应你的新生活。这并不意味着她们就是坏人，而只是说明你们不再彼此契合。你猜怎么着？这并不是你的问题。

在慢慢接纳自己的身体后，我不再将自己视为笑柄，把自己看作低人一等的陪衬人，仿佛自己存在的唯一目的就是为把朋友衬托得更加优秀。我已经厌倦了一直充当鼓励师却从未得到他人激励的朋友身份。当我终于开口恳求大家为我摇旗呐喊时，并不是所有人都能欣然接受。当然了，真正的朋友总会伸出援手。她们会说，"哦，天啊，当然啦。我马上就去把这架巨大的梯子支起来助你更上一层楼。"然而，有一些朋友则不希望我与她们平起平坐，这深深刺痛了我。因为我那时还以为她们是真正的朋友，因此总担心自己做错了什么，所以更加伤心难过。但其实那是老家伙"羞愧感"在作祟。住口，羞愧感！当我远离那些虚假的友情后，忽然发觉自己开始有时间在生活中建立并发展那些令人充实且赋予人力量，值得双方时间的真正友谊。

3. 风格！

对我个人风格来说，最正确的决定莫过于认定"显好"一词一无是处。是谁决定某件衣服"显好"？又是根据哪门子规定呢？

我喜欢赤身裸体。我想自己一定能在裸体者聚集地混得如鱼得水。不信可以问问我的邻居。* 不过当我不再相信自己的身体须达到某种尺码、体型和体重要求才能"驾驭"某种风格时，我就开始尽情享受穿衣乐趣了。

很久以前，我曾买过一件薄荷绿的翻毛大衣。这件衣服蓬蓬松松，很是滑稽。我穿上它看起来就像一只毛绒玩具，但我却超级喜欢它。我觉得这件衣服很酷，甚至现在还会想起它。然而我最后还是把它退掉了，因为有太多人对我说："你已经很胖了，不需要再额外增加体积。"有个人曾对我说（我真应该听她的话）："这件大衣不是为了'显好'，而是为了表明态度。这件衣服是为了让你开心。如果你喜欢它，就留下它。"所以当涉及穿衣风格时，我有了新口头禅：若喜欢，就穿上。就是这么简单。

---

* 如果有人想在海滩上建立一个欢迎所有人的裸体者聚集地，一定请告诉我。我还会带着大腿防摩擦霜和防晒霜一起去。

怪美的身体——接纳自身，绽放生命

我希望你能找到自己的口头禅（你也可以用我那个，易学易记）。问问你自己，"有什么灵感？今天想表达什么？想要何种感觉？"穿上那些让你感觉开心的衣服吧。

如果你一生都在掩饰不安感，突然之间开始穿那些梦寐以求但不同寻常的衣服确实让人有些害怕（我太理解这种感受了），请给自己留出足够的缓冲空间。挑选一件衣服并尝试一下。当你独自一人在家时，可以穿上它来回走动。还可以来一些自拍。明天再穿上这件衣服，不过这一次离开家门在街区逛逛。穿上这件衣服出门办个事。我们需要循序渐进，小步慢走。每次真的只走很小一步哦。

请记住：你不必等到达成体重目标后才开始行动。你也不必等到改头换面后才开始，或等到某个特殊事件，生日，或假期才去做。

这是你的时刻。勇敢尝试，放手一搏。

（明天也是你的时刻，不过除非你要好好打个盹让自己满血复活，那还等什么呢？）

"请记住:你不必等到达成体重目标后才开始行动。"

4. 我的事业！

我创立 MegaBabe 的初衷是想将身体接纳这一理念进行具象延伸，创造出具体产品来帮助人们消除不必要的羞愧。

还记得那个围在一群身材纤细的时尚杂志编辑中的胖女孩儿么？那时的我觉得自己就像一只狗熊，还穿着沾满大便的运动裤。我那时绝不可能创立防摩擦擦霜系列产品。对我来说这就是公开承认自己的大腿会相互摩擦，而那时的我觉得自己是世上唯一没有大长腿缝的女人。然而现在的我简直无法想象，自己哪一天会不再当众将防摩擦霜涂在大腿内侧，然后将视频发布到网上。

你不必开一家公司来证明自己对身体的接纳程度。你也不必做任何强迫之事。还记得吗？你不必勉强自己做任何事。

<u>但是！如果你一直有着某种想法，比如梦想开一家冰激凌店，就说出来吧。</u>哪怕只告诉一个人。让梦想超越你很久以前曾为自己设定的限制。见证梦想将指引自己到达何处。当你把秘密梦想与朋友们分享时，让大家也兴奋起来吧。来一场头脑风暴，看看自己会有何启发。四处尝试一下也无妨。想一想自己心目中的成功是什么样子，然后放手一搏，努力实现吧。

卖掉那件象征失败的连衣裙

象征失败的连衣裙是指某件尺码过小但你却舍不得扔掉的连衣裙（或者上衣、牛仔裤）。我曾经把这种衣服视为达到目标的标志："如果我能穿上这些短裤，就意味着自己终于达到了目标体重。"有一次我买了一件非常昂贵的名牌礼服，那时我的体重比现在要轻得多（我当时还在从事时尚业的公关工作，不得不参加我在第75页中描述的那些桌边会议），那件衣服超级紧，几乎无法拉上拉链——这是店里的最后一件了。我下定决心一定要取得成功。我一直穿着这件礼服，直到自己再也穿不进去，但依然留着它，一心希望这件衣服能激励我全力以赴，成功减重。这件衣服的确激励了我，但方式却不甚健康：为了快速启动减肥大计，我祈祷自己患上肠胃炎或食物中毒。我发誓不吃饭，并向饿得咕咕叫的肠胃致以敬意。一番折腾下来我的体重继续狂飙突进。年复一年，那件衣服就静静躺在衣柜中积灰，无情地奚落嘲笑我，让我重温那些曾经对自己说过的狠话。每天看到这条裙子，我就会想起那些自己无法实现的目标，心中顿觉心灰意冷，羞愧难当。

决定卖掉裙子的那一天让我重焕新生（我可没有夸张）。把那件衣服清出衣柜是我做过的最为正确的决定，甚于我买的任何衣服。我的大脑得以腾出空间，让我能创造性地搭配那些衣柜中适合自己的衣服。

如果你正想提振一下情绪，我强烈建议你也这样做。卖掉那件象征失败的连衣裙吧，你的吉祥物会对你心怀感激。

怪美的身体——接纳自身，绽放生命

你想做些什么呢？

当你开始接纳自己的身体，并收获随之而来的自信时（更不必说因为不用整日纠结自己的"缺陷"而解放出更多大脑空间），问问自己想用这些力量和颅内空间做些什么。你想用更多时间来旅行吗？辞掉工作追逐梦想？安心工作并早日晋升为合伙人？你想学习另一种语言吗？还是练舞蹈？上历史课？尽情挥舞手中的画笔？享受烘焙？或是完全无视橘皮组织，穿着丁字裤泳衣在海滩潇洒漫步？

你可以写下一些想法。现在就动笔吧！我在这里为你提供了一整张空白页来书写。

那些大脑解放后
想去完成的梦想！

身材高大好处多多

　　作为接纳身体之旅的一部分，我开始列"好处多多"清单。我把注意力放在了那些曾让自己为之苦恼、疯狂吐槽的事情上，比如体型肥胖，而我现在则为这些事情列了一份感恩清单。列这些清单有时会让我感到自由，有时会让我感到真实，还有时则是纯粹为了让自己开怀大笑。

　　如果你现在负能量爆棚，为什么不马上试试列出自己的"好处多多"清单呢？请在这里书写自己的感恩清单。手边没有笔？那就开动脑筋自由畅想吧。我鼓励你试试这一招。

　　为什么不写在下一页纸上呢？我为你留出了空白页。<u>我先来抛砖引玉</u>。

身材高大好处多多

- 舞台美景一览无余。
- 我自己一个人就可以重新摆放家具。
- 我可以够到架子上的任何东西。
- 把车上的杂货搬到门口，对我来说一趟就够。
- 发生踩踏时很难将我撞倒。
- 乘坐地铁时不容易被推搡。
- 我可以提起自己的行李。
- 我满足了热情按摩师的梦想，浑身上下都是需要遮盖的肉肉。
- 拥抱我的感觉非常美妙，因为我柔软且富有弹性，就像一张记忆棉床垫。
- 对我的先生来说，他可以爱我更多地方。
- 对我的小狗来说，我就是一张特大双人床。
- 我投下的影子巨大无比，这意味着我从不孤单。
- 我能在人群中脱颖而出。

请写下＿＿＿＿＿＿（在此处写下你的答案）的诸多优势。

你才不会

被那些

不如意的

日子打倒。

（别担心，考试可是开卷的，而且你可以参考笔记）

还记得我让你写下的那些曾经因身体羞辱而强加于自身的限制吗？"我不能穿 / 做_____，因为_____。"

想一想清单上所列事项。你是否仍然感到力不能及？这些事情其实都是可以做到的，这样我们的想法就达成一致了。我将证明此点：强烈建议你去试试那些曾经自认为无法完成的事情。别把这当回事，也不必向全世界宣告。只要去勇敢尝试一下，哪怕从微末小事做起。

听到了没？那是吉祥物在为你欢呼，我猜她此刻一定无比骄傲。

家庭作业 开卷考试 N° 7

"你可以穿这些衣服！"

第八章

传递
信念

你成功了。你已经掌握了将精神空间从身体消极性中解放出来的方法。你已经知道如何屏蔽 ENuFs 以及为自己的心灵花园清除"杂草"。你正在学习和自己好好说话,并不再将外表与自我价值等同起来。你知道如何对垃圾想法大胆说"不",并在努力肯定自己的梦想。你是吉祥物的守护者,而那个吉祥物正是你自己。在守护过程中,你其实是在治愈内心的小女孩,而她现在已经确信无疑地明白自己是值得被爱的。因为你已经阅读并诵念过"值得"一词太多遍,开始觉得这个词听起来怪怪的,甚至怀疑我把这个词拼错了。这简直太棒了!

- "但是等一等,凯蒂,我觉得自己没有你描述中那般进步神速。我还在学习中。"

  我知道!我也还在学习中。

- "我想自己还是需要再多学一些。"

  每一天都是在提升自信心,这本身就是学习。日子总是有好有坏,还记得不?

- "我连一项作业都没完成呢!我看书时跳过了那些练习,因为你说没问题,但我现在简直是,'啊啊啊啊啊'!"

  在你阅读这本书时,你就是在训练自己。只要能认识到自己想去接纳身体,并对下一步行动有所打算,你就正在将体内的负能量转变为正能量。

同时，
你还蕴藏着
改变周围能量的
影响力。

在对话下一代女性，还有我们自己和上一代女性时，就让我们袒露真心，把那些我们希望别人会告诉我们的话告诉给她们，好吗？

- 让我们告诉她们，你们是如此机敏、强大、聪颖、风趣和自信满满，此外还不要忘了赞美并称赞她们独一无二的美。
- 说到美，我们要不要在生命旅程刚刚启程时，就向那些冉冉升起的未来一代说明白，虽然她们的美是那样美好可爱、阳光灿烂，但美丽其实是源于内在，是由内向外绽放光芒。
- 让我们告诉她们去接纳由身体差异带来的个体之美。
- 让我们支持并表达出对所有人的共情与善意。
- 最后，感恩那些珍视并对我们袒露真心之人，让我们为她们那些稀奇古怪的愿望和天马行空的梦想摇旗呐喊吧。

在写这本书时，我不禁想到那些自己曾希望在成长过程中早点儿明白的事情，如果我当时就知道这一切，又会以何种不同的方式面对自我。我肯定会对自己更好些，更加善待自己的身体。我希望那时就明白我的体重并不能定义我。在我的生命中也遇到过一些女性，她们不想看到我重蹈覆辙，像她们曾经那样深陷于体重问题而不能自拔，我真的希望能早些理解她们的用心。

长大成人的我真希望自己那时就明白， 仅仅因为杂志、电影或游乐场上仗势欺人的恶霸对美丽有着狭隘的认知，并不意味着我必须采纳他们的观点。

我真希望自己很早以前就明白，"我多重"与"我是谁"没有任何关系。

我真希望自己那时就明白，所有这一切曾经或现在都无法剥夺我享受诸多生活乐趣的机会。我真希望自己那时就明白，我当时是有价值的。而我现在也是有价值的。

对我内心的小女孩（我的吉祥物，同时也是自尊的勇敢捍卫者）以及所有现在和未来一代人们的内心小孩和成年人（恰好在读这篇文章的人），

> **我向你们郑重承诺：**

你的身体，它有着独特且灿烂的美好；它有着那些曲线、卷曲、转弯和团团脂肪；它有着那些颤颤悠悠的赘肉和毛发、疤痕和擦伤、肿块、隆起、凹陷、瘀伤以及在未来隐现的萎缩纹，都在诉说着皮肤的过往；它有着将你和家族树紧密相联的特异 DNA 链，有关身体的所有一切是如此美丽。你并无任何问题。一切皆好。

是时候去传递这一信念了。我猜你的吉祥物一定很想和她的小伙伴一同玩耍。现在就让我们用手拽一拽裤裆，尽情享受翻跟头的乐趣吧。

你

并无

任何问题。

一切皆好♥

鸣 谢

艾米莉亚·戴蒙德：是你让这一切梦想成真，并让这本书成为现实。如果你那天没有答应我，我就永远不可能开始撰写自己的博客。当我对写博客这件事感到不知所措时，你告诉我"从 Instagram 账户开始写起"，并将之称为微型博客。在我撰写本书的过程中，你从未对我大喊大叫，即便我是一个没有人愿意合作的项目伙伴。谢谢你有着和我一样的额头。

我的父母是如此优秀。妈妈，你没有做错任何事情。并不是你发明了节食文化，也没有人能够应对一个在二年级时就已经五英尺七英寸的孩子。你做得已经很好了！我写了一本书（实际上是两本！）！我所做的一切都是为了让你感到骄傲。我爱你。

爸爸，当我十四岁时终于尝试热蜡脱毛后，我永远不会忘记你回家后，我们彼此在尴尬沉默中相对而坐，终于你打破沉默开口说："你汗毛重是从我这边遗传的。"

珍妮，我的姐妹。是你一直激励我奋勇向前。你是我最热情的粉丝，很高兴咱俩决定一起创业，这样我们就可以每天交谈四十二次了。即便在我和你闹脾气时，我也依然爱着你。

约翰·斯图里诺。斯图里诺家族的最新成员。我每天都会捏捏你的耳朵，看看你是不是真实存在，然后我会环顾四周，心中好奇人们怎么会允许两个成熟"婴儿"独自生活,竟然还有银行存款和其他东西。我将永远对你心怀感恩。我爱你。

艾莉莎·鲁本,感谢你一直激励着我。谢谢你一本正经地聆听我关于这本书的疯狂想法。你总是知道我还有话要说。若无你的帮助,我肯定无法完成这本书的写作。

阿曼达·英格兰德: 是你让这本书成为现实。独具慧眼的你意识到需要把这些理念分享给更多的人。你目光远大,见识非凡。我好喜欢你那只初来乍到名叫乔治的小狗,真希望它能成为这本书的合作作者,这样我就可以一直盯着它看了。我要感谢你,你的编辑工作是如此细致周到,而你的热情则帮助更多女性对自己的身体重拾自信。

加布里埃尔·范塔索: 在向出版社推荐这本书时,正是因为你在屋中,我才明白了写作这本书的意义。这本书正是为你这样的女性而作,你是真正能领略本书精髓的女人。真诚感谢你愿意参与此项目!

致克拉克森·波特出版社团队,伊恩·丁曼、特里·迪尔和金·泰纳,感谢你们的关心照顾,你们拥有令人惊叹的创造力以及杰出的专业能力,正是你们倾注的大量时间和心血才让本书得以出版成册。能与你们每一个人合作让我深感荣幸。